6つの力を養い、理想の働き方を叶える
トレーニング

フィジカルトレーナー　吉田輝幸

GENTOSHA
幻冬舎

はじめに

２０２０年という年は、歴史をあとから振り返ったとき、大きなターニングポイントになっているのかもしれません。世界は今、地球規模で未知の体験を余儀なくされ、激動の渦に揉まれています。

私は、ＥＸＩＬＥのメンバーをはじめ、メジャーリーガーやサッカー選手などのアスリート、そしてビジネスの最前線で活躍する経営者のトレーナーをしています。そんな私の仕事も、業界全体では多大な影響を受けましたが、一方で、リアルとオンラインを融合させたトレーニングのプログラムを開発したり、変化に負けない起業マインドのトレーナーの育成に力を注いだり、地方によっては積極的に起業するジムのコンサルティングをしたりと、これまで以上に開けた道もありました。

クライアントである企業経営者やトップアスリートの方たちも同様です。彼らとは、肉体というその人の最も基本となる部分に接するだけでなく、ものごとの見方や考え方、仕事に対する姿勢など、マインドやメンタル面についても目の当たりにする日々ですが、劇的な変化を柔軟に受け止め、以前にも増して力強く歩を進める方がほとんどです。
「この、強さやたくましさ、それでいてしなやかに、向かい風の突風をも瞬時にかわすありようは一体何なのだろう」

　そんなことを考えたとき、彼らの姿はそれこそ、強靭さと柔軟さ、粘り強さと目を見張る俊敏さなど、相反する力を併せ持つ人間の身体の可能性そのものに見えてきました。

　また、私は一人のトレーナーであると同時に、経営者でもあります。その学問としての裏打ちを求めて、経営学の学びにいそしんでもいます。大学院で交わす侃侃諤諤《かんかんがくがく》の議論のなかでは、折々のシーンで仲間たちの姿から、身体に宿る知性と精神性の奥深さ、その可能性の豊かさに感嘆することも度々ありました。

　学びは実践に次ぐ実践、国内外の優れたリーダーが手腕を振るい、今に繋いできた事業と企業をひもときながら、難局を含めた数々の経営判断を自分ごととして体験していくうちに、日本や社会、そこで働く自分も含めた人々の未来に、明るい手応えを感じるようにもなりました。

　ケーススタディの分厚い資料やデータを読み解き、唸りながらも思考とひらめきを駆使する時間は、あたかも、華やかなステージでは見せない汗まみれのトレーニングの時間のようで、一方、自らの意思決定を大勢の人の前でプレゼンする時間は、本番ならではの緊張感を伴いながら、プレゼン後には試合で戦いきったときのような清々しい充足感に満たされます。ここでもまた、身体と知性、精神性とが行き交うように融合していきます。

そうした経験を繰り返し、また、それぞれの分野で活躍する経営エグゼクティブやアスリート、エンターテイナーの方々、そして大勢の皆さん——自分と社会、身近な人・遠くの人とのつながりに心を砕きながら日々を進む方々と、間近で接するなか、肉体の力、知性と精神の力それぞれに、これからの社会を駆け抜けていけそうないくつもの力が見えてきました。

ビジネスという大舞台で、試合の場で、前線に立つことを任された皆さんとともに、この先の未来を拓いていけたらと思います。この本は、それに関して私にできると思うことを注いだものです。

変化のときこそ、チャンスです。

この本を読むことによって、これからのビジネスパーソンに必要な「サバイバル力」や「勝ち進む力」を養うとともに、その前提となる「肉体の力」を高め、最大限のパフォーマンスを発揮していただけるようになります。身体を鍛え、動かすことは、ビジネスのマインドやスキルを高めることにも直結するのです。

本書の各章では、変化の時代のビジネスパーソンに求められる力について述べるとともに、そうした力を強化できる身体の使い方や鍛える部位など、マインドやメンタルとフィジカルとの関係について最新の理論をもとに解説しています。さらに、それぞれに効果的なトレーニングも多数紹介します。

トレーニングは、特別な道具を使わずに、ステイホームの条件下でも行うことができ、しかも短時間で高い効果を発揮するものを厳選しました。本書のイラストを見ながら行えるほか、すべてのメニューにQRコードがついています。そこから動画コンテンツに飛べば、さらにくわしく身体の使い方などを見ながらトレーニングを行っていただけます。

動きましょう。考えましょう。思いを込めましょう。そしてまた、身体を動かしましょう。

フィジカルに、メンタルに、インテリジェンスにおいて、皆さんそれぞれの新しい力を目覚めさせるために、どうぞ本書のページをめくってください。これからのビジネスパーソンに必要な力を引き出し、磨くために、1ページごと、一緒に進んでいきましょう。

第5章　自己肯定力は「背骨」のゆるさで決まる　149

序　章

身体を鍛えると仕事がうまくいく

トレーニングをめぐる状況が進化

10年ほど前、企業の経営エグゼクティブが筋トレなどのトレーニングを習慣にして熱心に取り組んでいるという話は、確かに多くの人にとって驚くべきトピックでした。

それまで人々が漠然と抱いていた、「経営者」や「社長」といった存在へのステレオタイプなイメージや先入観——恰幅がよく豪快で、健康意識云々が取り沙汰されることはあまりなく、経営手腕や実績、その次程度に人柄などが注目される……といったもの——を大きく変えるあり方への驚きと、「なぜトレーニングをするのか？」という疑問や関心を湧かせるに十分なニュース性があったかと思います。

それが、もはや今ではそうした話は聞き覚えのある範疇《はんちゅう》となり、どこの誰が筋トレをしている、あの社長もか、と名前を羅列するようなことには新鮮味もなくなっていて、あまり意味がないようにも感じます。

それくらい、ビジネスの先端を走るリーダーたちが自分の身体に向き合い、鍛えることをセルフマネジメントの一環としていたり、あるいはより能動的に、能力を底上げする有効手段として取り入れているというのは当たり前の情報となり、広く浸透しています。

世間を見渡しても、健康意識の高まりや、パーソナルトレーニング、加圧トレーニングなどのブーム、ランニングブームも起こり、多くの人にとってトレーニングは以前よりずっと身近なものになっています。これには実際、著名なエリートや経営者たちの影響も大きかったはずで、そうした話題からトレーニングに興味を持った人も少なくないでしょう。

エリートたちに実感させた、トレーニングの効果に関する科学的な解明も進んでいます。そのなかには、健康や病に関して、長年の常識を覆すようなものもあります。

たとえば、運動して筋肉が収縮すると、インスリンとはまったく別のメカニズムが働いて血液中の糖を消費していること、それによって糖尿病の治療や予防に大きな効果があることが明らかになっています。さらに、これまで内臓などの臓器だけがつくり出せるとされていたホルモンが、10種類も筋肉によってつくり出されているということも。この研究には内閣府も注目し、「最先端・次世代研究開発支援プログラム」に選定しています。

脳との関係についても、数々のことが明らかにされています。

たとえば、運動して筋肉を使うと、脳の海馬で脳由来神経栄養因子（ＢＤＮＦ）という物質が盛んに分泌されることがわかっています。ＢＤＮＦは脳の神経細胞であるニューロンや、脳に栄養を運ぶ血管の形成を促すホルモンです。運動して筋肉を使うと認知機能が高まることも明らかにされていて、アルツハイマー病の予防などへの期待も高まっています。

運動すると盛んに分泌されるホルモンのなかには、ほかにも脳に好影響をもたらすものが数多くあり、たとえば男性ホルモンとして知られるテストステロンは、精巣だけでなく脳の海馬でもつくられることが最近の研究でわかってきました。

テストステロンは筋肉増強に効果的に作用しますが、我慢強さや社会貢献欲を高める、公平・公正を求める、不安を感じにくくするといった働きもするほか、闘争心や冒険心、チャレンジ精神を旺盛にしたり、判断力にも作用したりします。

テストステロンの分泌によって促される行いの一つは「リスクをとる」こと。ビジネス、特に経営の意思決定に大きく関わる要素です。実は、イギリスのケンブリッジ大学が行った研究で、興味深い結果が出ています。「リスクをとる」といえば投資家やトレーダーも日常的に問われるものですが、ロンドンのシティで働く17人のトレーダーを対象にテストステロン値を測定したところ、テストステロン値が高い人は、儲けが多かったそうなのです。

リスクを恐れずチャレンジして大きな成果を得るというのは、まさにビジネスに関わる行為でしょう。運動が脳にもたらす効果はホルモンの働きによるものに限ったことではありませんが、10種類以上が分泌されているのは、それだけ全身あるいは脳にもたらす意味があってのことでしょう。

たった一度の運動で認識や思考の柔軟性がアップ

運動と脳の関係に迫る書籍も、最近は数多く書店を賑わしています。なかでも『脳を鍛えるには運動しかない！』（ジョン・J・レイティほか／NHK出版）は、日本でも10年以上にわたるベストセラーです。

この本に出てくる事例の一つとして、2007年にドイツの研究者たちが行った実験では、運動前よりも運動後のほうが20パーセント早く単語を覚えられたそうです。また、50～64歳の被験者40人のうち、半数には最大心拍数の60～70パーセントを保って35分間ランニングマシンで走ってもらい、残り半数には35分間映画を見せて、その前後に新聞紙などありきたりのものについて「どんな使い方ができるか」を、思いつく限り列挙してもらうということをしたそうです。

新聞紙は、読むだけでなく物を包んだり何かの下に敷いたり、さまざまな用途に使えます。実験の結果は、映画を見ていたグループには、事前と事後の間に変化は見られませんでしたが、35分間走ったグループは、一度運動しただけで、答える速度や認識、思考の柔軟性が向上したというのです。

新聞紙は新聞紙という既成概念の枠を破り、さらに上位の概念から自由に発想するといったことは、ビジネスのコンセプトワーク（アイディアを形にしていく作業）の要ともいえます。

こうした認識や思考の柔軟性は、これから先欠かせないものになるでしょう。

なぜなら、今まさに私たちがいる混沌とした世の中は「ＶＵＣＡ《ブーカ》」の世界だといわれるからです。

既成の枠組みが通用しない「ＶＵＣＡ」の世界へ

ＶＵＣＡは変動性（Volatility）・不確実性（Uncertainty）・複雑性（Complexity）・曖昧性（Ambiguity）の略で、１９９１年にアメリカ陸軍戦略大学校によって、冷戦終結後の混沌とした情勢をとらえるためにつくられた軍事用語です。２０１０年代に入り経営やビジネスの世界でも使われるようになっています。

Ｖ　変動性

市場ニーズの変化スピードが増している。

U　不確実性

突発的な疫病の流行や自然災害、テロ事件などが起きやすく先の見通しがきかない。今の世界はまさに不確実性の象徴のような状況。

C　複雑性

ビジネスが不確実化していることで、成功や失敗の要因の検証が困難。

A　曖昧性

価値観が多様化し、ビジネスで指標や手段の確かさが失われている。

こうしたVUCAに対処できることが、必要になってきています。これまでのような指示待ちで計画されたことをしていればいい世界、過去の応用で対応できた時代が終わろうとしています。

個人個人のビジネスパーソンに求められる力も、当然ながら変わっていきます。新聞紙の実験のような柔軟な思考はそのほんの一端、これまでは重要視されなかった力や、同じ力でも意味合いが違ってくるものもあるでしょう。

たとえば「顧客のニーズを読む力」と言葉では簡単に言っても、何しろ「先読みできない」のがＶＵＣＡ世界です。セオリーに沿って大局を占っているより、些細な変化に即座に対応できる行動力やフットワーク、小回りの利く組織が必要なはずです。

また、指示系統に従って許可を待っていたのでは、手遅れになる状況が日常茶飯事になるかもしれません。一人ひとりが当事者意識で立つ力、率先して（リードして）動けるリーダーとしての自覚も必要です。リーダーという言葉には、ビジネスが組織で行われていく以上そのフィールドで上に立つ者という意味はもちろんありますが、ＶＵＣＡの世界は、組織も変化する可能性があります。これまでのトップダウンのピラミッド型運営ではなく、顧客の状況などに応じて臨機応変に役割を変化させながら、誰もが持てる力を自発的に発揮し、役職者はそれを背後から支える、というような仕組みがないと、太刀打ちできないかもしれません。誰もが「リーダーとしてのマインド」を持つ必要があり、その中身すら今までのリーダーシップとは変わる可能性があります。

これからの時代に、ビジネスパーソンに求められる力を私なりに予測しました。私一人の身勝手な考えではありません。一流の経営者にトレーナーとして間近で接し、仲間とともに経営学を学ぶなか、彼らとも共有する考えです。それは、「分析力」「決断力」「挑戦力」「行動力」「自己肯定力」「免疫力」の6つです。どれも、これまで言われてきたような意味合いだけでなく、変化の時代だからこそ生じる新たな力としての側面があります。

たとえば、これからは単に現場のワン・オブ・ゼムとしてではなく、誰もがリーダーのマインドを持って事業を分析したり、経営者目線で意思決定する力が不可欠です。未知の領域に踏み込む挑戦の勇気や、どんな変化にも素早く対応できるスピーディな行動力も欠かせません。また、不安要素の多いなかでは「自分ならできる！」という自己肯定感や自己効力感などこれまであまり問われてこなかった力も、ビジネスパーソンとしての力量を大きく左右することになります。さらに、すべての基本となる身体の力として、環境に負けない免疫力の強さも必要です。

そして、これら6つの力について考えたとき、私はこれが「あるもの」にあてはまり、複数の力を総合的に伸ばしていけることに気づきました。

「6つの歯車」で身体も、ビジネスの力も鍛えられる

筋トレをはじめとするトレーニングは、「運動・栄養・休養」の三位一体で成立します。そのなかの「運動」は、筋力、身体の安定性や動きの敏捷《びんしょう》性、スタミナなど、多角的かつ包括的に高める必要があります。時々、すでにトレーニングをしている人が「筋トレ・有酸素・ストレッチの3つを自分は全部やっている」と言うのを聞くことがありますが、これは知識不足によるミスリードです。もっと多角的で包括的なアプローチが必要です。具体的には、以下の目的も内容も異なる種類のトレーニングに、質の高い食事と休養も合わせた6つの要素で構成されます。

1　身体の使い方を改善し正しく動けるようにする（コレクティブ・エクササイズ）

2　心肺機能を高めてスタミナを養う（ＥＳＤ）

3　筋肉のパワーや持久力を高める（レジスタンス・トレーニング。いわゆる筋トレ）

4　動ける身体をつくる（プライオメトリクス＆ムーブメント）

5　鍛えた筋肉を回復させて成長につなげるストレッチなどをする（リジェネレーション）

6　食事に関わる（ニュートリション）

これらは、身体という大きなギアを回すために連動して動く、「６つの歯車」です。この６つに、ＶＵＣＡの時代のビジネスに求められる力がピタッとハマります。しかも、それぞれ身体の中で鍛えるといい部位、それをするとビジネスに対応する力が養われるパーツというのがあるのです。つまり、身体を鍛えることを通じてビジネスの力も養われるということです。

もちろん、トレーニングは特定の部位だけに偏らず、全身バランスよく鍛えることが大切です。２の筋トレ（レジスタンス・トレーニング）などはその最たるものですが、そのなかでも特に優先して鍛えるといいパーツ、日頃の生活のなかでは使われにくく、自己流のトレーニングでも見逃しがちな部位というのがあるのです。

試合運びが読めないなかでも
勝てるビジネス・アスリートに！

鍛えるといい身体のパーツと、それによって養われるビジネスの力、そしてそれぞれがトレーニングの「6つの歯車」とどう関わるかをまとめると、次のようになります。

1 「コレクティブ・エクササイズ」で「呼吸」を整えると「分析力」が高まる。

2 「ＥＳＤ」で「心臓」を強化すると「決断力」が高まる。

3 「レジスタンス・トレーニング」で「お尻」の筋肉を鍛えると「挑戦力」が高まる。

4 「プライオメトリクス&ムーブメント」で「脛《すね》」の筋肉を鍛えると「行動力」が高まる。

5 「リジェネレーション」で「背骨」の柔軟性を上げると「自己肯定力」が高まる。

6 「ニュートリション」で「食事」を変えると「免疫力」が高まる。

予測不能で不確かなこれからの世界は、ビジネスパーソンにも真剣勝負の機会が増してくるでしょう。正々堂々、まずはリングやフィールドに立つこと。その機会さえ得ることが難しい世の中になるかもしれません。これからは、自ら試合の場をつくっていかねばならないかもしれないのです。

さらに、そこでの試合は生き残りをかけた戦いかもしれません。

かねて、私は「ビジネス・アスリート」という言葉を使ってきました。スポーツ選手の使命が試合で勝つことなら、ビジネスパーソンのそれは、仕事で成果を上げ、勝ち進むことだからです。中身は違っても結果が勝負という点では、どちらもアスリートだととらえていま

身体もビジネス力も鍛えられる「6つの歯車」

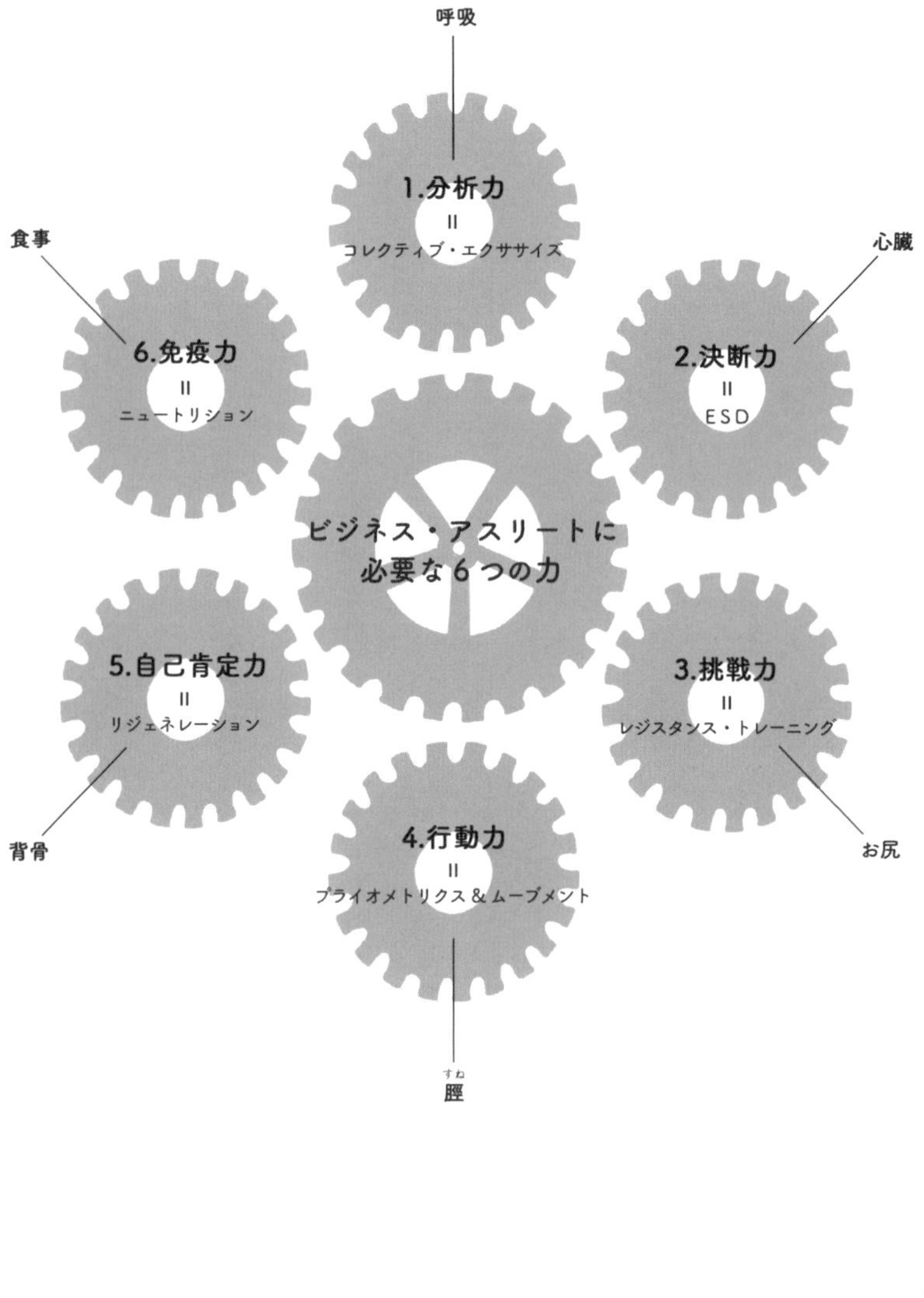

す。

　スポーツ選手にとっては、本番試合となる競技の補助としてトレーニングがあるように、ビジネス・アスリートも、身体のトレーニングを行うことで、本番である仕事のパフォーマンスを上げることができるのです。これからのビジネス・アスリートにはどんな力が必要で、それぞれ６つの歯車にどのようにつながっていくのか、次章からくわしく紹介します。

第 1 章

分析力は
整った「呼吸」で決まる

まずは「あるべき姿」と「現状」を明確に

ここからは、これからのビジネスパーソンに必要な力とそれを養うトレーニングについて具体的に見ていきましょう。

まずは何よりも「分析力」です。「分析力」は、「6つの歯車」のうちの「コレクティブ・エクササイズ」で「呼吸」を整えることによって高めることができます。なぜ、呼吸が分析力と関わるのか、そしてそもそも、分析力とはどのような力のことをいうのか、くわしく見てみましょう。

ビジネスも身体づくりも、そのためのトレーニングも「あるべき姿」、つまり理想とするあり方やゴールを設定することと、それに対する「現状」を把握することからはじまります。両方が明確にわかって初めて、2つの間のギャップを知ることができ、ギャップを埋めてゴールに達する道筋が見えてきます。何を、どう行うかといった具体的な方法やアクションプランを練ることができるのです。

こうした作業は、ビジネスの現場でも、事業やプロジェクトに応じてさまざまな規模で行われているはずです。どんな分野のビジネスでも、売り上げなどのゴールとなる目標があり

（その達成度合を示す指標をKGIといいます）、それを達成するまでのプロセスごとに、重要業績評価指標（KPIといわれます）が設定されているでしょう。

そして、それらに対して「現状」はどうなっているのか、さまざまな角度から客観的に正しく見る必要があります。

「正しく見る」とは、現実をしっかり受け入れるということです。現状のレベルが低すぎて目標達成にはほど遠く思えても、KPIのような段階ごと、必要な要素ごとの目標を設ければ一つずつクリアしていけるかもしれません。プロセスを適正に設定するためにも、現状から目を背けず、ごまかさずに見ることが大事です。

逆にいえば、現状把握が曖昧だったり、自分や組織に都合よくとらえたりしていては、現実に則したプロセスを考えることができません。最終目標も達成できない可能性が高まってしまいます。

カーナビとは違い「現在地」は自分で知る必要がある

「あるべき姿」と「現状」を把握することをもっと簡単に言えば、カーナビをセットするようなものです。自分はどこへ行きたいのか、ナビを使うときにはまず、「目的地を設定」します。このとき、「現在地」はカーナビではGPSが自動で検知して表示してくれます。

ところが、ビジネスやトレーニングでは、現状把握は「自動で」とはいきません。自力で正しく見る必要がありますが、特にトレーニングでは、ここができている人が少ないように感じます。

トレーニングに必要な現状把握とは、今の体重や体脂肪率などの数値だけではありません。ダイエットや筋力アップを目指す人の中には、ときには体重しか見ていない人や、目標についても、

「体重△kgになりたいから、◯kg減らせばいいわけか」

と単純に考えているケースもあります。

本当はもっと考えるべきことがあります。具体的にどんな身体になりたいのか、どのように動ける身体がいいのか、つまりその身体で何をしたいのか、どんな仕事の仕方や生活をしたいのかといったことです。

トレーニングの目標設定とは人生設計である

トレーニングの目標に仕事や生活のことまで関係するのか？

そう思う人もいるかもしれませんが、ちょっと考えてみてください。自分の仕事はスタミナ勝負で身体を使う仕事なのか、それともデスクワーク中心なのか、単純にこのことだけでも、必要な体力や機能は異なります。

仕事を離れたプライベートでも、休日は小さな子どもと思いっきり遊びたいのか、趣味のスポーツで成績アップしたいのかなど、人それぞれライフスタイルや叶えたい望みがあるはずです。

長期的スパンで見ることも必要でしょう。今の年齢から将来を見据えたとき、どんな暮らしをしていたいのか、夢や理想はありますか？　それを叶えるには、どんな身体であることが望ましいでしょうか。

将来の夢の実現には、経済や環境、周囲の理解とともに、自分の「身体」も欠かせない重要な要素です。ビジネス・アスリートとして今向き合っている仕事や、この先の長い将来など、トレーニングの目標やビジョンを掲げるには、短期・長期と視点を変えながら、人生全体を俯瞰して考える必要があるのです。

このことは、私自身が仕事を通じて、さまざまな分野や立場で働く方々と接していて感じることでもあります。

たとえばアスリートの場合なら、「あるべき姿」として、
「メジャーリーグで3割打ちたい、シーズン中フル出場したい」
といったことが挙げられたりします。それに対して必要な身体的要素は何か、現状はどうなのかといった指標が見えてきます。

ビジネスの世界で戦う経営者たちも、自分の思う「あるべき姿」をそれぞれ明確に描いています。アスリート並みの身体を目指す人もいますし、仕事のパフォーマンスが発揮できれば、あとは健康維持のためという人もいます。

ビジネスの手法は自身の現状把握にも役立つ

ビジネスにおいて、現状把握や目標達成のためにはさまざまな考え方や手法が用いられます。「ＭＥＣＥ《ミーシー》」もその一つで、簡単にいえば「漏れなく、ダブりなく」という意味です

（Mutually Exclusive and Collectively Exhaustive の略語で、「個々の事柄が重複することなく、しかも全体として漏れがない」ということです）。

複雑なビジネスの現場では、ものごとの全体を把握しながら、個別の事柄にも対応して効率的に進めていくことが求められます。正解のない世界で最善策を最善のタイミングで打っていくには、漏れやダブりがあっては効率が下がってしまいます。こうした事態を防ぐためにあらかじめ考える手法の一つが、ＭＥＣＥです。

もう一つ手法の例を挙げると、ＭＥＣＥを具体的に使うためのものとして「フレームワーク」があります。

今、「あなたの身体の現状は？」と聞かれたとしたら、「何をどう答えればいいのかわからない」となる人は多いのではないでしょうか。ここで、もし目安とすべき切り口が示されれば、グンと考えやすくなるはずです。

「そうだな、体重や体脂肪は許容範囲のはずだけれど、見た目にはもっと太って（やせて）見える気がする。体力的には、疲れやすくてスタミナ不足かもしれない。十分食べているつもりだが、会食が多くて、飲みすぎだろうか……」と。

このように、ものごとは複数の切り口があると明確に把握できます。切り口が漏れなく網羅されているかどうか、同じ内容の切り口がダブっていないかを考えれば、ＭＥＣＥもクリアできます。

自分にとっての「内部要因・外部要因」とは？

ビジネスで使われるフレームワークとして、「３Ｃ分析」や「４Ｐ分析」もあります。日頃から使いこなしている方もいるかもしれません。３Ｃ分析は「自社（Company）」「顧客（Customer）」「ライバル・競合（Competitor）」の３つのＣを見てみることをいいます。４Ｐ分析の４Ｐとは、「製品価値（Product）」「価格戦略（Price）」「チャネル（流通）戦略（Place）」「プロモーション戦略（Promotion）」のことです。

これらはビジネスの戦略策定に用いるだけでなく、「自分」というものを製品や会社に当てはめて考えることにも使えます。自分（自社）にはどんな才能や個性があって、どんな人と関係を結んでいきたいか、そこにライバルはいるのかといったことや（３Ｃ分析）、自分の能力にはどれほどの価値があり、それを生かすにはどこで働けばいいのか、どう売り込んでいけばいいのか（４Ｐ分析）といったようにです。

「３Ｃ／４Ｐ分析」をはじめとするさまざまなフレームワークは、自社の状況と、世の中の動向など社外の状況との、2つの面から考える必要があります。この2つを、「内部要因と外部要因」といいます。トレーニングの現状把握でも「自分（内部要因）と、それ以外（外部要因）」を考えながらフレームワークをしてみるといいでしょう。

「3C分析」なら、トレーニングで「自社」にあたるのはもちろん自分自身です。「顧客」には、自分の魅力や価値を感じて欲しい相手として、たとえば家族が挙げられるかもしれません。ビジネスでは顧客のニーズを知ってそれに応えるように、妻や夫、子どもたちはそれぞれどんなパートナーや父母としての自分を求めているか、また、それに応えるにはどんな身体でなければいけないか、知っておかなければならないのです。平日の仕事で疲れきってしまって土日は寝てばかりでは、「一緒に思い切り遊びたい」という子どものニーズに応えているとは言えません。そして3つめのCである「ライバル・競合」にはたとえば、友人や同僚などが挙げられるかもしれません。

今挙げた顧客（家族）や競合（友人など）はいずれも、自社（自分）以外の存在で、業績（自分のあり方）を左右する「外部要因」です。「外部要因」にはほかにも、たとえばアスリートだったら競技のルール変更の動向や泳法・走法といった技術面の潮流など、ビジネスでいう市場動向にあたるものがあるでしょう。ビジネスパーソンの場合も、「外部要因」として健康法やトレーニングのメソッドなどのトレンド動向があるのはもちろんですが、目下のコロナ禍のような社会全体の状況も、自社（自分）を大きく左右します。直接的に身体や健康に関わるものに限らず、自分にとっての「外部要因」は多岐にわたるはずです。

このようにフレームワークを使ってものごとを見ていくと、トレーニングのなかでも自分にとっての要不要がわかったり、鍛えなければいけないところ、逆に強みとして生かせるところも見えてきます。経営学を学ぶなかでは、こうした分析のケーススタディを多数の企業や事業の事例について行ううちに、業績好調な企業やその成功事例には勝てるだけの要因があることもわかってきます。これをＫＳＦ（Key Success Factor）、重要成功要因といいます。業界によってさまざまな要因がありますが、簡単に言えばコンビニなら品揃えの豊富さ、銀行なら企業規模などがＫＳＦです。

個人レベルでもアスリート、アーティスト、経営者問わず、間近で接しているとその人ごとのＫＳＦがあるように思います。たとえばアスリートの場合、身体能力一つとっても、腕、脚、体幹など各所に応じた安定性や可動性、敏捷《びんしょう》性、柔軟性などさまざまな機能を網羅して発揮できることがまず前提、その上で個別の能力や技がＫＳＦになるのです。

ビジネス・アスリートの皆さんも、今述べたように身体のさまざまな機能を正しく使えることが前提です。正しい姿勢や呼吸、心肺のスタミナやスピーディに動ける身軽さ、柔軟性など多数の要素を漏れなく、ダブりなくとらえることが重要で、「筋力アップ」だけがトレーニングではないのです。ところが、「普段、運動しています」と言う人でも、実態は筋トレだけ、マラソンだけ、ヨガだけしかしていないような人が多いのです。これでは一人の人間の身体として能力をＭＥＣＥに使えるようにはなりません。

自分の現状をＭＥＣＥにとらえ、足りない要素（課題）といった「内部要因」を明確にするためにも、序章で紹介した「６つの歯車」が役立ちます。この歯車は自己分析のためのフレームワークであり、なおかつそれぞれの歯車を実践すれば、各々に対応する能力もアップするのです。しかも、この本ではビジネスに必要な力も伸ばせるようになっています。

つまり、「６つの歯車」について理解してトレーニングに使っている、ということは、それだけでビジネス・アスリートにとっての勝ちパターン、ＫＳＦになるのです。

現状把握も「６つの歯車」から

普段、ジムではじめにアセスメントといって、なりたい身体や現状について詳細に把握することをしています。アセスメント＝身体検査というわけですが、運動についてのテストを行うだけでなく、生活習慣についても話を聞き、目に見える形で示していただくものもあります。

この本では皆さん自身にそれをしていただきます。序章で紹介した「6つの歯車」が役立つのです。

ひとことで「日頃している運動」といっても、「週1回オンライントレーニングをしています」とか「休日はサッカーをしています」というだけでは、ビジネスマインドを生かした的確な現状把握とは言えません。24ページに挙げた「6つの歯車」それぞれについて、自分がどのような状況かチェックする必要があります。6つの要素をもう一度挙げておきます。

1 コレクティブ・エクササイズ（第1章）

筋肉の動かし方など、身体を正しく使えているかどうかを見ます。特に、姿勢や呼吸はすべての動作の基本であり、自分でも把握しやすい部分です。この章の中でも、チェックがしやすく、機能改善・向上に効果的なエクササイズを複数紹介するので試してみてください。

2 ESD（第2章）

心肺機能を高めるための有酸素運動が中心です。疲れやすい、階段で息切れしやすいといった人は筋トレ（レジスタンス・トレーニング）だけでは不十分で、心肺機能を強化することが必要かもしれません。

3 レジスタンス・トレーニング（第3章）

筋肉を大きく、強くするための、いわゆる筋トレです。ランニングなど有酸素運動に偏りがちな場合は、積極的に加えていく必要がある要素です。

4 プライオメトリクス&ムーブメント（第4章）

ジャンプ動作を中心とする、瞬発力に関わります。多くの人が「ほとんど行えていない」可能性が高く、今後加えて欲しい要素です。

5 リジェネレーション（第5章）

疲労回復力に関わり、ここが不十分だとトレーニングも効果が発揮されません。いわゆるストレッチに相当しますが、誤った知識で行っている方も少なくなく、ケガの遠因にもなりがちです。

6 ニュートリション（第6章）

栄養に関わる項目です。普段どんな食生活を送っているか、自分の認識とともに、後述する「健康診断の結果」が指針となります。

まずはセルフチェックも兼ねて、うまくできていないジャンルはどれか（足りない歯車はどれか）、全体のバランスなどをチェックしてみてください。

三位一体のひとつ「栄養」も現状の把握を

身体づくりや健康維持の三位一体は「運動・休養・栄養」です。

「栄養」も「現状」として把握しておくことが必要です。まずは、日頃どんな食生活をしているか思い出せるなら、過去1週間の食事を書き出してみたり、すべて思い出せない場合は、ここ最近の数日間を含め、意識しないで食べている食事内容をリストアップします。書き出して「目に見える形」で把握することが不可欠だからです。

食べた時間もメモしましょう。会食が多く時間も遅くなりがちだったり、日中、職場に置かれた菓子をつまんでしまうといったことも、正直に自己申告します。食事については第6章でお伝えしますが、紹介する食事のとり方は、極端に量を減らしたり、常に空腹を我慢したりするようなものではありません。正しい知識を身につけて、何を減らし、何を意識的にとるかというバランスを整えることで、十分な満足を得られます。

もう一つ、現状把握のためにぜひチェックして欲しいものは「健康診断の結果」です。

ビジネス・アスリートとして企業に所属して働いているなら、年に一度か二度の健康診断を受けているはずです。その結果から如実に見えてくるものがあります。くわしくは第6章で述べますが、ひと言お伝えしておくなら「血液は嘘をつきません」。自分ではそこそこ良好な食生活を送っていると思っていても、「数字」には表れます。

ここまでで自分の「あるべき姿」（目標）と「現状」を把握できました。いよいよ目標までの道が見えてきます。この本で紹介するのは、誰にでも必要で効果的なトレーニングと食事法です。現状を分析してプランを練る部分は、すべて書かれています。皆さんは、それを実行するだけでいいのです。

分析力アップに「呼吸」が重要な理由

この章では、「6つの歯車」のうち身体の基本的な使い方を身につけたり、クセなどを改善したりするための「コレクティブ・エクササイズ」を紹介します。運動するときだけでなく、仕事や生活のあらゆるシーンで基本となる、姿勢や呼吸のトレーニングが中心です。

分析という深い思考や洞察には、脳が活発に機能することが必要です。

思考を担う脳とトレーニングの関係には、序章で述べたことのほかに、呼吸が大事です。

正しい呼吸で全身の血流が促されれば、酸素とともに脳にも十分血液が行き渡るからです。

深い呼吸は、それだけで思考を穏やかに安定させ、クリアな状態でものごとを考えられる効果もあるでしょう。

「分析力」とともに「集中力」の質も変わる

ビジネスの起点として「分析力」とともに、もう一つ重要な力があると私は思います。

それはズバリ「集中力」です。

集中力というと、多くの場合、何かに没頭したり熱中して取り組んだり、それによってビジネスを迅速に行う力だとされます。その力も引き続き必要ですが、これからの時代はそれとともに、複雑な多様性のなかから最適・最善を「選択」し、パワーを「集中」させる力、つまり「選択と集中」という意味での集中力が重要になります。

２０２０年は世界全体がこれまでなかった事態に直面し、経済も変化を余儀なくされています。さまざまな業種が厳しい現実にさらされ、太刀打ちできなくなっています。トレーニング業界も早くから打撃を受け、世間の注目を浴びました。トレーニングはオンラインが前提になるなど手法が様変わりしています。

さらに、トレーニングやジム経営のライフサイクルも重なって影響しています。順調な成長曲線をたどってきたこの業界も、成熟期を迎え、やがてそう遠くない時期には衰退期へ移行していくでしょう。

ビジネスのライフサイクルでは黎明期、成長期、成熟期、衰退期、それぞれにふさわしい戦略があります。どんな選択肢のなかから何を選び、何を手放すのか、衰退期のあとは何を切り捨て、新たにどんな事業を興すかなど、各々の時期ごとに選択と集中が問われていくのです。

私個人は、もしかするとCompetitor（競合）が少ないと言えるかもしれません。経営学を専門的に学んでいるのも、一つの強みとなり得るかもしれません。

とはいえ、やはり業界や社会全体を見れば、この先どんな選択をし、何に集中していくか考えたりもしています。ジムやスタッフはもちろん、同じ仕事に従事する仲間たちのためにも将来性のある展開を見出したいと思っています。

こうしたことは皆さんにも起き得ることです。もう起きている場合もあるでしょう。「選択と集中」をする際に、選択肢の見極めすら、過去の前例からは判断できないこともあるかもしれません。そんなときでも、「仮説と検証」を繰り返すといった不変の方法もあると思います。ただし、これまでは一発でうまくいったけれど、これからは何度も繰り返して精度を上げる必要があるかもしれません。

分析力を高めるために呼吸を整えよう

紹介するエクササイズは、呼吸を重視し、血流を高めて脳の状態を良好にします。単なる深呼吸ではなく、肋骨や横隔膜の動きを正して、お腹にも胸にも空気をたっぷり吸い込む

「仰向け呼吸」のほか、「うつ伏せ呼吸」は正しい呼吸は背中まで空気が入ったように膨らむことを実感できるはずです。

これらは、誰にも教わらなくても深く大きな呼吸ができる赤ちゃんがお手本です。重力の負荷を受けずに長年のクセを改善できるよう、寝そべった姿勢で行います。

また、朝の目覚めをよくして一日をすっきりとはじめられる、肩甲骨まわりをほぐすストレッチもあります。夜、不自然な体勢で寝ていると、思った以上に身体に負担がかかります。仕事中はあまり使わない肩甲骨まわりを朝一番にほぐしておけば、肩こり予防に効果的です。朝の目覚めや夜寝る前の習慣として、取り入れてください。

「コレクティブ・エクササイズ」は、長年の身体の使い方のクセやバランスの悪さなどを改善し、正しく整えるためのメニューです。これを通じて「呼吸」を整えれば、脳の血流が促され、頭の回転が速くなるとともに、多角的思考や深い洞察もしやすくなるなど、脳機能そのものが活性化します。同時に、深い呼吸には余計な雑念を鎮める作用もあります。冷静かつ客観的な分析には、整った呼吸が欠かせないのです。

分析力トレーニング①

…仰向け呼吸（ブリージング）

1 仰向けに寝て膝を立てた楽な姿勢で、片手はお腹、もう片方の手は胸の上に置く。

2 鼻からゆっくり息を吸いながら、お腹を大きく膨らませる。

3 続けて息を吸い、胸そして背中まで膨らみきったら、口から息を吐き、お腹をヘコませる。

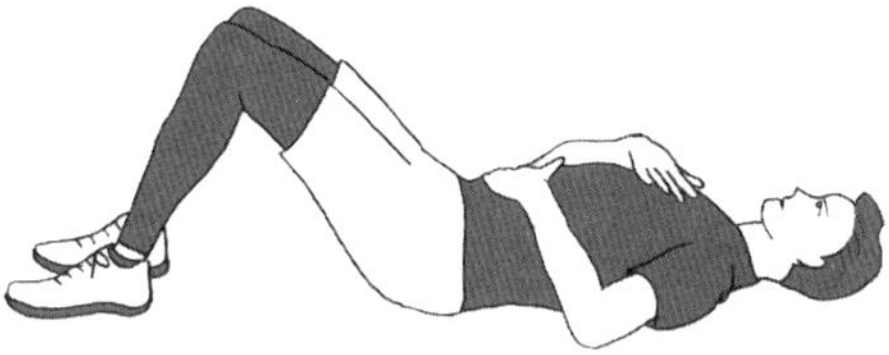

動画でチェック!

POINT

- □ 腹部前面だけでなく、背中や脇腹も360度風船のように膨らませるイメージで。
- □ 吐くときはお腹と胸の順番は意識せず、自然にお腹をヘコませる。
- □ 吸うより吐く時間を長く、1回の呼吸に10 〜 15秒。もっとゆっくり行ってもよい。

NG

- × 胸だけ膨らませたり、胸を肩に引き上げてしまわないように。
- × 力んで肩が上下してしまうのもダメ！

5回／1～2分

分析力トレーニング②

…うつ伏せ呼吸（ブリージング）

1 **うつ伏せに寝て、両手をおでこの下に重ねる。**

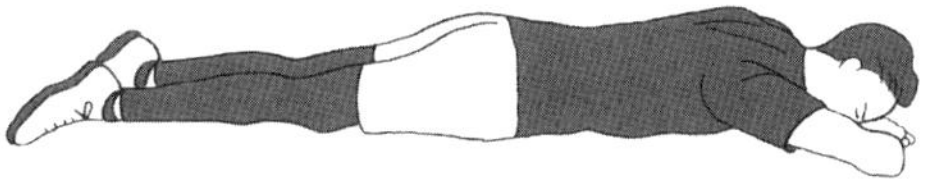

2 **鼻から大きく息を吸いながら、お腹を大きく膨らませる。続けて息を吸いながら胸にも空気を送り込み、背中まで膨らませる。**

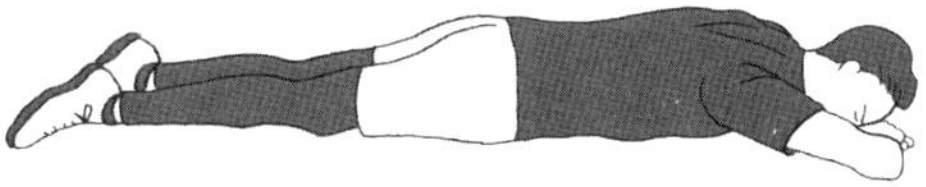

3 **膨らみきったら、口から息を吐きお腹をヘコませる。**

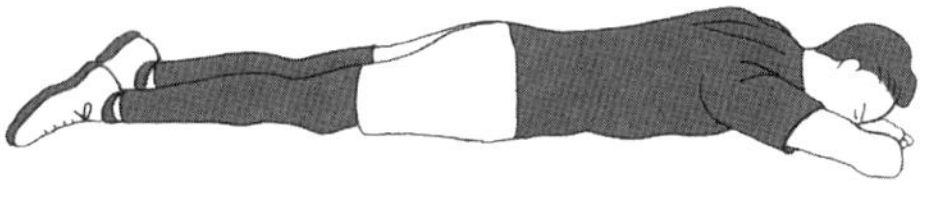

動画でチェック!

POINT

- □ 吸うときはお腹まわりを360度、脇腹まで風船のように膨らませる。
- □ 吐くときはお腹と胸の順番は意識せず、自然にお腹をヘコませる。
- □ 吸うより吐く時間を長く、一度の呼吸を10～15秒で行う（もっとゆっくりでもよい）。
- □ コツをつかんだら、座り姿勢のときなど日中いつでも行うと◎。

NG

- ✕ 胸だけに空気が入ると肩が持ち上がる胸式呼吸になってしまう。
- ✕ お腹より先に胸を大きく膨らませてしまう。

動画でチェック!

分析力トレーニング③

…Y・Wストレッチ(肩甲骨ストレッチ)

10回ずつ/1～2分

1 うつ伏せになり顔も伏せ、
両腕を伸ばして全身をYの字にする。

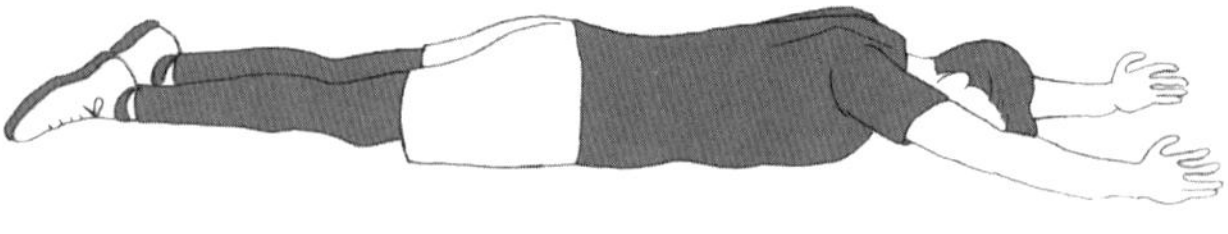

2 お腹は床につけたまま、両腕を床から少し上げて、下ろす。

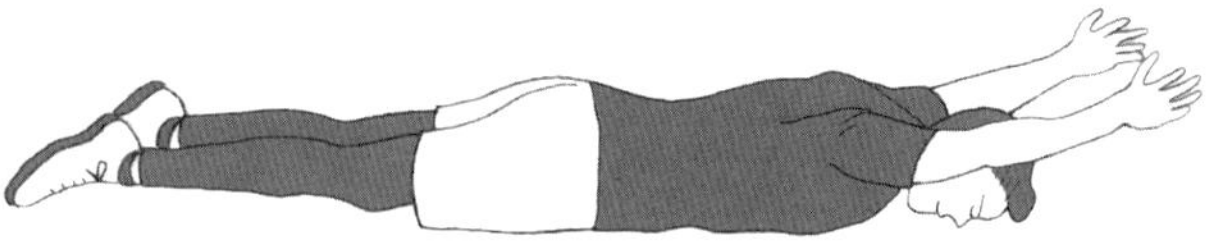

POINT

- □ ゆっくりと自然な呼吸で。
- □ 腕の上げ下げは、腕の力によってではなく肩甲骨を動かすようにする。
- □ 背骨も自然に動くことを意識する。

3 二の腕を下ろして肘を曲げ、腕をWの形にする。

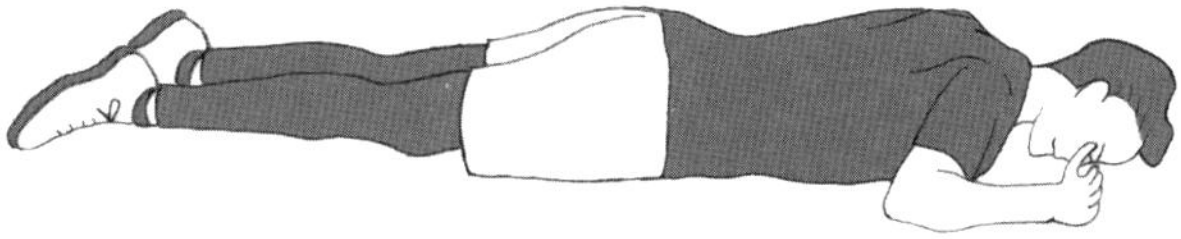

4 肩甲骨を寄せながら、両腕を床から少し上げて、下ろす。

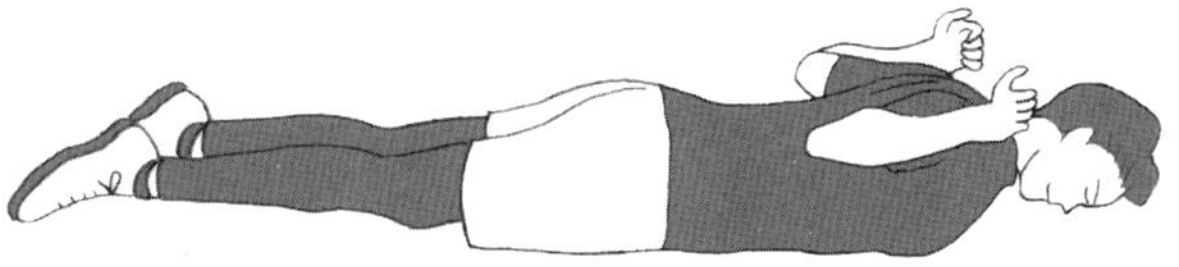

NG

× 顔が上がってしまい、上半身も起き上がってしまう。

第 2 章

決断力は「心臓」の強さで決まる

決断力 心臓

=ESD

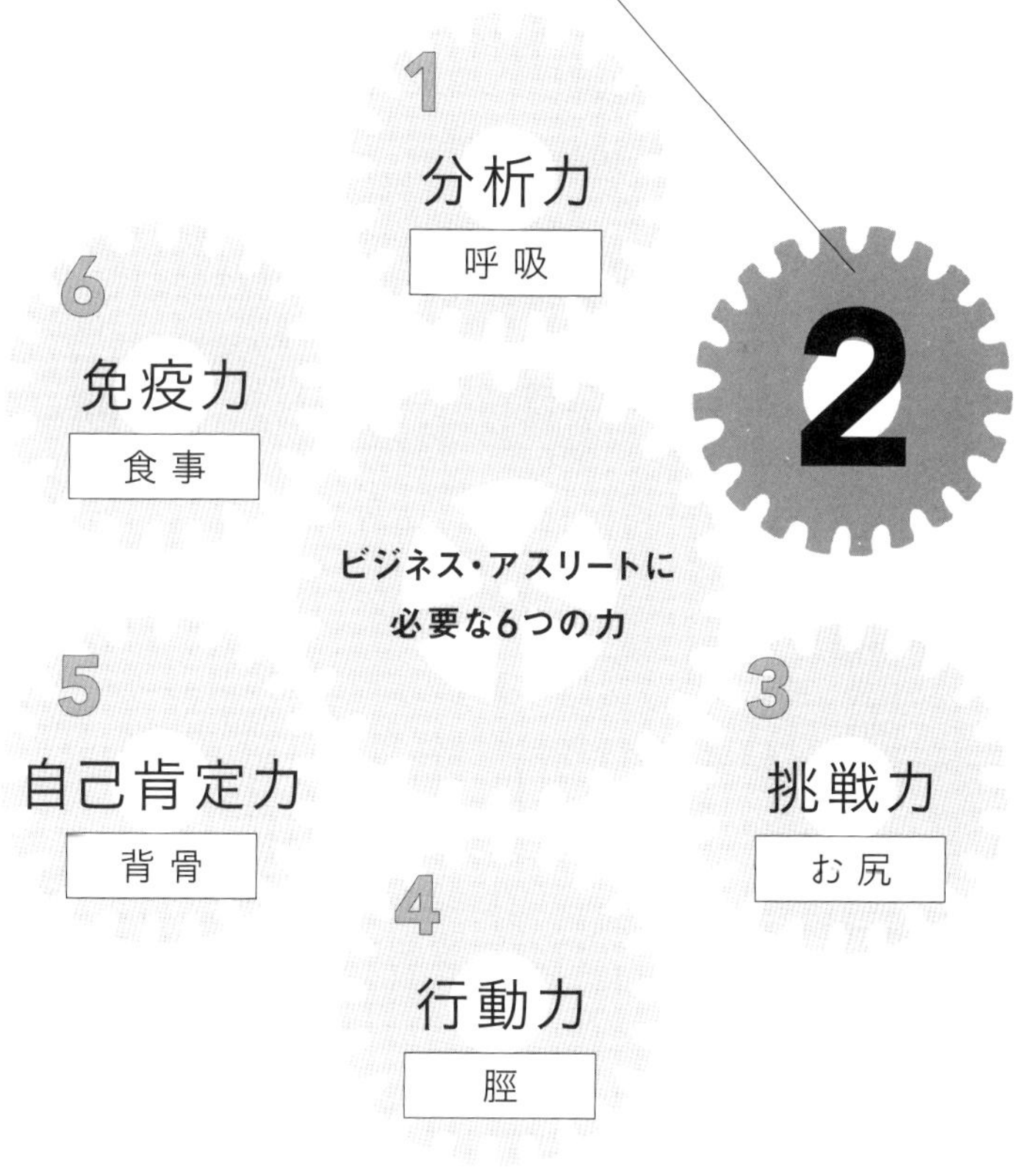

「決断力」とは選択し、ほかを「断つ」力

これからのビジネスパーソンに必要な力として、「決断力」もますます重要になるでしょう。「決断力」は、「6つの歯車」のなかの「ESD」で心肺機能、特に「心臓」を鍛えて強くすることによって高められます。

日常的に当たり前のように使う「決断力」という言葉ですが、そもそもどんな意味でしょうか。辞書によると、

「判断に迷う場面で、一つに決められる能力」（広辞苑　第七版）

「はっきりきめる能力」（大辞林　第三版）

「自分自身の判断・責任で決断する能力」（デジタル大辞泉）

などとあります。

確かに、ビジネスシーンでは、甲乙つけがたい選択肢のなかから施策を選ばねばならないなど、「判断に迷う場面」の連続かもしれません。たとえ複数の選択肢から「一つに決め」ても、やるかやらないか、いつやるのかといった決断も必要です。

「判断」と「決断」は異なります。

選択肢のそれぞれについてメリット、デメリットを考えたり、比較したり、良し悪しを見極めるといった判断をすることはできても、選んだものを実行するには、勇気や覚悟が必要です。「決断」とは、そうした強い意志がなければ下すことができません。

「決断」にはリスクが伴うからです。

ビジネスで何かを決めて実行するとき、正解のないなかでは、それがうまくいくとは限りません。そんなとき、失敗を恐れない強さや、不測の事態に備えられるだけの余裕、責任を問われても逃げない覚悟も必要でしょう。

そもそも、複数のなかから「一つに決める」ということは、それ以外は消えるということです。選んだ一つに全エネルギーを注ぎ、その他は捨てる。漢字を見てもわかるように、決断とは、一つに決めてほかは「断つ」ことでもあるのです。

「外部要因」が激変する時代

VUCA《ブーカ》の要素が一度にすべて現れてしまったかのような今の世の中、ビジネスに関して「決断を迫られるとき」というのは否応なく増えるでしょう。これまでたとえば大きな決断や意思決定は年度に一度、あるいは四半期ごとのルーティンで済んでいたような場合も、今後はそんなパターン化されたサイクルは通用しないかもしれません。

というのも、第1章で述べたように、現状の分析には「内部要因」と「外部要因」の両方を見ることが必要だからです。ところが、感染症の動向や、それに伴う経済状況、国際情勢に至るまで、自社を取り巻く外部要因は、いつ、どんなに激変してもおかしくありません。

しかもそれは、予測不能です。私たちが今、置かれているビジネスの状況は、自社（内部要因）の努力だけではあらがえないことで一変してしまう可能性があるのです。

だからといって手をこまねいているわけにはいきません。

過去の常識が通用しない時代だからこそ、これまでにない商機もあるはずです。そしてそれは、市場の動きで自然発生的に生まれるというより、自らの手で新たに創造するものであるはずです。今の時代は、一人ひとりのビジネスパーソンにとっても、決断力という強い力を身につけ、養うチャンスでもあるのです。

リーダーマインドを持ったビジネス・アスリートに

前述のように、決断の機会やタイミングだけでなく、決断するのは誰か？　という点も従来とは変わってくるかもしれません。これまでは会社全体に関わる重要な意思決定は経営陣の手に委ねられていたはずですが、ＶＵＣＡの時代はそうはいかないでしょう。

先を見通しづらいなかでも、市場や顧客の変化を常に敏感に察知し、事業やサービスをどう対応させるかには、現場の力こそ重要です。経営陣は細かな戦術的な部分までカバーしてすべてを指示することはできないからです。

また、いつ何が起きるかわからない不確実性や、成功や失敗の原因を見出すことも困難な複雑性、多様化し確実な解のない曖昧性に満ちたシーンで、経営陣は現場から遠いため変化の予兆に気づけないケースが出てきます。経営陣にはこれまで以上に、現場自らが率先して、決断につながる意思ある声を届ける必要があるのです。

また、外部要因が激変すれば、自社の内部でも変えなければならないことが出てくるでしょう。ときには、これまでの組織のルールや体系が機能しない事態や、そうした枠組みを超えてでも行動しなければならない可能性もあります。

従来の組織では、経営陣と現場の間には現場のリーダー（管理職）がいるはずです。しかし、これからは、現場の個人も指示のもとに動く受け身型ではなく、主体的な決断力を持つことが不可欠です。すでに役職としてリーダーの地位にいる人はもちろんですが、そうでない人も、外部要因の状況次第ではチームの牽引役を担う可能性が出てくるでしょう。ビジネス・アスリートそれぞれが、「自ら決める」決断力を高め、リーダーマインドを持っておく必要があるのです。

「決断力」に必要な力とは

先ほど、決断にはリスクが伴い、ものごとを決めるだけでなくそれを実行に移す勇気や覚悟が必要だと言いました。不確実性の高い今の社会で、伴うリスクが大きくなればなるほど、決断には、より強固な意志が必要になります。

そんななか、優柔不断でなかなか決断できない人と、大きな決断でも即座に下せる人がいます。

この違いは何でしょうか？　ものごとを迷いなく決断できる人には、具体的にどんな力が備わっていて、何が不足していると、決断力が鈍ってしまうのでしょうか。

大学院では、経営の実践的な知識を取得しスキルを磨けると同時に、ビジネス、ひいては社会のリーダーにふさわしい思考やマインド、そしてメンタル面も豊かに育むことができます。そこでともに学ぶ同志から刺激を受けることもあれば、トレーナーの仕事を通じて、経営者をはじめとする大勢のビジネス・アスリートたちと接することで、考えさせられることもあります。そんななかで見えてきた、「決断力」に必要な資質と思われることや、決断できる人・できない人それぞれに見られる特徴を挙げてみます。

「決断できない人」の特徴や傾向は

1 判断基準を持っていない

まず、決断力の乏しい人というのは、決断の前に「判断ができない」人かもしれません。判断には、それをするための目安や基準、指針を要します。そうした明確な判断基準を自分のなかに持っていないと、いくら考えても答えは出ません。そのため、選択肢がいくつもあったり、何か問題が起きたりしたときなど、決断を迫られても迷うばかりで、決められないのです。

こうした人は往々にして、決断を後回しにしがちです。でも、決めるためにはその根拠となる材料が必要なのですから、どんなに時間をおいたところで、新たな判断材料が出てこない限りいつまで経っても決められないということになりがちです。

2 こだわりが強い

一方、自分の判断基準に対するこだわりが強すぎるのも考えものです。自らの価値観や主張に固執しがちな人も、状況を俯瞰したり、さまざまな立場に立って多角的に思考したりすることができません。状況が変化しやすい昨今にもかかわらず柔軟な対応ができず、なかなか決断できなくなります。

3 自分の意見や考えがない

日頃から自分の意見を持たない人は、すなわち自らの頭で考えることができないということかもしれません。すると、すぐに人の意見に流されてしまい、決断まで人に頼ったり任せてしまったりしがちです。先に述べたように決断には責任も伴いますが、決断を他人任せにしていれば、責任を負わずに済むこともあります。結果として「人に任せたほうが楽だ」と考えるようになってしまい、自分で決めることができなくなってしまいます。

4 周囲を気にしすぎたり忖度しすぎたりする

まわりの目を気にしてなかなか決断できないタイプの人もいるでしょう。「決断を誤ったらどうしよう」「批判や非難をされてしまったら……」などと考えて自分に自信が持てず、堂々と決断することを恐れるのかもしれません。また、必要以上に周囲の気持ちを忖度《そんたく》するケースもありそうです。忖度とは本来、心中や気持ちを思いやったり、推し量ったりすることですが、度を越してしまうと正しい判断や決断ができなくなってしまいます。

逆に、プライドが高いために周囲からの評価を気にしたり避けたりする人もいるでしょう。ただ、この場合も自尊心が損なわれることを恐れているのであり、本当の意味での自信は持てておらず、そのために正当な決断ができなくなるのかもしれません。

決断力に優れた人の特徴は

では、決断力に優れ、どんな状況でも即座に決断できる人とはどんな人でしょう。これまでに挙げた決断力の乏しい人の傾向が、逆ベクトルに転じた人だということでしょうか。

決断力に優れた人は、それ以外にも共通する資質や力があるようです。

1　失敗を恐れない

実は、私のクライアントである経営者の方の多くが、何らかの「失敗の経験」を持っています。エンターテインメント業界やＩＴ、金融に小売業など、それぞれの分野で世間的にも華々しい活躍が知られる方ばかりですが、なかには「もう先がない」「明日をも知れぬ」レベルの体験をしている方もいます。

そうした話の一端を、トレーナーとして関わるなかで直接お聞きすることもあり、壮絶さに言葉も出ない、といったこともありました。

ですが、皆さんそれらの失敗を乗り越えての今があります。

失敗を克服したことが大きな自信となり、そこからの学びも数多く得てこられたのだと思います。失敗をバネにするバイタリティや、「失敗しても次がある」「自らの成長につながる」と考えられる、実体験に基づく前向きさなど、力強く勇気をもらえることばかりです。

こうした方々は皆、失敗に対する精神的なハードルが低くなり、迅速な決断が下せているのでしょう。

2　思考の物差しが整理されている

決断力に優れた人は、何においても目的意識が明確で、優先順位を決められる人でもあるようです。自分自身に関しても、関わる事業やプロジェクトに関しても、目的は何か、自分はどうしたいのかの軸がしっかりしており、そのために何を優先するかといった思考の基準が明確です。

ものごとを判断する物差しが頭のなかで常にすっきりと整理されているから、「選ぶ」ことにも「捨てる」ことにも、迷いが生じにくいのでしょう。

3　ポジティブ思考

困難で厳しい決断をする際には、リスクにばかり目が行ってしまったり、できない理由を挙げては、挑戦を避けようとしたりしがちです。

でも、決断力に優れた人は「できること」をカウントしてどんどん積み上げ、具体的なプランやロードマップを描いていきます。ポジティブに前進できるということです。

決断は、ゴールではなくスタートです。

スタートを切った後は、行動次第でどうにでも変わると知っていて、決断というものに対する精神的負担が少ないのだと思います。

4　周囲の目より自分の軸やビジョンを信じる

決断力に優れた人は、まわりの目を気にして萎縮したり、自分をよく見せようと装ったりしません。装う必要などない実績を誇る経営者の方々だけでなく、現場の第一線で勝負するビジネス・アスリートの方も、これは同じです。

また、自分の価値観や目的意識といった軸と、組織や事業のそれとをどちらも自分ごととして、しかもバランスよく考えられるのだと思います。いつ、何が起きるかわからない今、どちらか一方をとる決断も迫られるかもしれません。そんなときでも自分の責任で悔いのない決断ができるのだと思います。

決断力はメンタルの問題？

ここまで、これからのビジネス・アスリートに求められる「決断力」について、具体的な資質や力を見てきました。これらは一見、楽観的か悲観的かといったものの見方や考え方、またはもともとの個性や性格など、メンタル面によるところが大きいように思えるかもしれません。にもかかわらず、こうしたことを「トレーニング」によって変えていくことができるのでしょうか。

ちょっと考えてみてください。多忙を極めた一日の仕事が一段落して、「さあ帰ろうか」となったとき、同僚や上司から急ぎの業務を申しつけられたとしたら。快く、負担なく請け負えますか？　しかもそれが、自分一人の裁量で判断・決断しながら行わなければならないものだったら？

そんなときにも、ゆとりを持って臨める力、一日働き切ってもなお余りある体力が、決断力を発揮するには必要です。

そして、人間のメンタルは体力（フィジカル）と密接に関わっています。たとえば身体の調子がよく、体力がみなぎっているときと、体調不良で疲れがとれないようなときとの、心の状態を思い出して比べてみてください。疲れやストレスがたまって体力的に余裕がないときは、やる気や活力も失われたり、気分が落ち込んでネガティブ思考になりがちだったりしませんか？

そんな状態で、強い覚悟や勇気を要する思い切った決断は下せるものでしょうか。むしろ、消極的な姿勢になったり、負荷の高そうな選択肢は、避けたくなったりしませんか？

積極的でポジティブな姿勢のもとで決断できる力には、十分な体力が欠かせません。体力に余裕があれば、心にもゆとりが生まれます。意欲や自信、前向きな気持ちも湧きやすく、客観的で冷静な判断もしやすくなります。

仕事の現場に限られた話ではありません。ビジネス・アスリートの日常は、仕事を終えても会食など人づきあいの時間があったり、帰宅しても家事や育児など、家族と過ごすなかで、やるべきことは尽きないはずです。

そのとき、「体力＝仕事をこなせる分」だととらえていては、帰宅後は疲れて何もできない、週末もとにかく休みたい、といったことになっていきます。ところが実際には、休日も子どもの相手をしたりと、案外体力を使うはずです。結局、疲れのとれないまま週明けを迎えることとなり、そこに仕事の新たな疲れも加わって余裕のない毎日になってしまいます。

このような悪循環を断ち切って、公私ともに活力に満ちた生活を送るためにも、体力に十分なゆとりがあることは大前提です。

フィジカルとメンタルの密接な関連は、トレーナーとして多数のアスリートやアーティストを見ていても実感します。ハードな試合で勝ち抜いたり、連日のステージツアーを乗り切ったりするためには、技術の向上ももちろんですが「疲れない身体」であることが不可欠です。90分の試合中、間断なく全力でフィールドを駆けめぐったり、激しいダンスと熱唱の90

分間、最高レベルのクオリティを維持したまま表現しきれるのは、華やかな舞台の裏では本番以上に過酷なトレーニングをしているからにほかなりません。

心肺のスタミナを強靭なものにする日頃のハードなトレーニングは、それをしているからこそ本番に余裕が生まれるのです。プレッシャーや緊張を強いられる「本番」に強くなるというメンタル面の効用も生まれるのかもしれません。

プレゼンでも会議でも、ここぞというときの本番でこそ、怯まず勝ちに行ける度胸や強さはビジネス・アスリートにとっても喉から手が出るほど欲しいものでしょう。スポーツでもエンターテインメントでも、そしてビジネスの場や個人の人生においても、体力的に十分余裕のある健全な肉体があってこそ、精神的なゆとりも生まれます。その、余裕のある精神力が、「決断力」という高いレベルの力の礎となります。根底を支える体力の部分は、それこそトレーニングが担えることなのです。

決断力を左右する、心臓の機能とは

体力、そして長く頑張れる持久力を養うために、具体的に何をすればいいのでしょう。それは「心臓を鍛えること」です。心臓を鍛えるトレーニングは、「６つの歯車」では「ＥＳＤ」にあたりますが、その詳細に進む前に、なぜ強い心臓が必要なのか、心臓の機能やメカニズムを見ておきましょう。

心肺機能の良し悪しは、体力に直結します。

それに、誰かに対して

「あの人は心臓に毛が生えている」

なんて言うことがありますね。もともとは非常に厚かましい、図々しいという意味ですが、プラスの意味で、物怖《ものお》じせず堂々としていて、度胸がある人に対して使われることもあります。決断力に必要なのは、まさにこうした心臓です。もちろん褒め言葉としての意味ですが、困難な状況でも迷いなく決断できる人は、まさに毛の生えた心臓の持ち主です。決断力は、心臓の強さで決まるということです。

心臓は、人間の生命を直接的に左右する重要な器官です。全身に血液を送り出すための、ポンプの役割をしています。そのポンプは1分間に約60～100回、一日に10万回以上も休むことなく拍動を繰り返しています。

弁によって区切られた4つの部屋からできていて、上下の部屋をそれぞれ上は心房、下は心室といいます。つまり、右上の部屋が右心房、右下の部屋は右心室、左上の部屋が左心房、左下の部屋は左心室です。

心臓が休むことなく規則正しく拍動するのは、「刺激伝導系」という電気刺激の信号のメカニズムがあるからです。これによるポンプ機能によって体内を循環する血液は、動脈血として全身の器官をはじめ、細胞のすみずみまで酸素と栄養素を運びます。さらに、静脈血として不要となった炭酸ガスや老廃物を回収しながら、体外に排出するために絶え間なく流れています。

全身をめぐった血液は、まず大静脈から右心房に戻り、続いて右心室へ入ります。そして、右心室の収縮によって、その血液は肺動脈を通って肺へと送り出されます。全身から回収された血液中の炭酸ガスは、肺で酸素に交換（ガス交換）され、血液がたっぷりと新鮮な酸素を取り込むと、肺静脈より左心房に戻ります。これを「肺循環」（小循環）といいます。

肺から左心房に戻った血液は、続いて左心室へと送られ、左心室の収縮によって、大動脈を通って再び全身にめぐっていきます。こちらは「体循環」（大循環）といい、心臓から大動脈、動脈、毛細血管へと進み、そして静脈から大静脈、心臓に戻ってくる循環です。全身を１周する時間は、約20秒です。

心臓は握りこぶしくらいの大きさの筋肉でできています。重さは通常２００〜３００ｇです。たったそれだけの小さな器官が、たとえば体重70kgの男性の命を司っているのです。

驚異的なアスリートの安静時心拍数

心臓は１回拍動するごとに、約70㎖の血液を送り出しています。仮に１分間の安静時の心拍数が70回だとすると、心臓が送り出す血液量は、１分間では約５ℓ、一日では約７０００ℓにも上ります（ドラム缶40本分に相当します）。

安静時心拍数が70回というのは、健康な成人男女の安静時の場合です（1分間に60〜80回）。ところが、アスリートの安静時心拍数は50回台、人によっては40回台という方もいます。

これは、心拍数が少なければ、１回のポンプの拍動でより多くの血液を送り出せることを意味しています。少ない拍動で済むのですから、効率がよく、心臓そのものの疲労も少なくて済みます。心臓は、車でいうエンジンにあたるものです。エンジンのパワーは排気量の数値で表せますが、排気量が大きければエンジンパワーは大きく、大きければ大きいほど、加速性能に優れ、エンジンの回転数を抑えることができます。心臓の場合は、心拍数が少ないほどパワーがある、ということです。

逆に、心拍数が多い場合は、同じ量の血液を送り出すのにも、より多くの回数を拍動しなければなりません。すると、運動時など大量の血液を送り出す必要がある際は特に、心臓そのものの負担が大きくなって、すぐに疲弊してしまいます。

特に病気でもないのに、階段をちょっと上り下りしただけで動悸がしたり息切れしたり、普段の生活でもすぐに疲れて動けなくなってしまうような人は、心肺機能が低下しているかもしれません。機能をアップするトレーニングが必要です。

筋肉は、ボディラインなど見た目に表れるためその存在を確認しやすく、トレーニングの効果も明白です。一方、身体の内側にあって臓器として働く心臓は、鍛えることができないと思われがちです。確かに心臓を意図的に動かすことはできませんが、トレーニングによる外側からの働きかけ次第で、鍛えて機能を高め、強化することはできます。それが「6つの歯車」のうちの「ＥＳＤ」となります。

ＥＳＤで心臓を鍛えて決断力を養う

「ＥＳＤ」はEnergy System Developmentの略で、直訳すると「エネルギー供給システムの開発」です。トレーニングとして行うのは、一言でいえば「心肺持久力」を高めるためのものです。心肺持久力とは、心臓と肺を中心とする全身の循環系能力のことで、体重１kgあたり、１分あたりにどれだけの酸素を体内に取り込めるか、という「最大酸素摂取量」で示すことができます。さらにくわしくいうと、

- 心臓の１回の拍動でどれだけ多くの血液を全身に送ることができるかという「酸素運搬能力」
- 身体のすみずみまで酸素を送るための毛細血管の発達の程度
- 身体を動かすために使われる骨格筋における酸素を利用する能力

などが関係しています。ＥＳＤトレーニングは、こうした循環機能を向上でき、心臓を鍛えることにも有効です。心臓が強くなって機能が上がると、心臓がそれほど労力を費やさな

くても、十分な血液量が送り出せるようになります。少ない労力で心臓のパフォーマンスが発揮されるようになれば、全身も疲労しにくくなります。

ちなみに、全身の血管の95パーセント以上は毛細血管が占めており、毛細血管をすべてつなげた長さは地球2周半（約10万㎞）にも達します。

ＥＳＤトレーニングを続けると、筋肉内までこの毛細血管が発達し、筋肉に流れる血液量（筋血流量）が増加します。すると、筋肉により多くの酸素がとり込まれるようになり、より多くのエネルギーが生み出されるようになります。つまり、長時間のハードワークでも疲れにくくなり、ＥＳＤは体力向上、スタミナづくりに欠かせない歯車です。

ジムで行うＥＳＤトレーニングはたとえば、トレッドミルで１００ｍを全力で走るといった激しい動きで限界まで身体を動かしたら、次は歩行やその場で足踏みなどの軽い動きを交互に繰り返して心肺機能に負荷をかけていく、というものです。

この本では、異なる運動の組み合わせを意識しなくても効果的に行える「インターバル・トレーニング」を紹介します。運動と休憩を繰り返すもので、運動時間は10〜15秒と短いものの、それなりにハードでキツいため、短時間で心肺機能に負荷をかけることが可能です。

運動時間と休憩時間はそれぞれ、「運動10秒・休憩30秒」にして、これを「３セット」からはじめ、慣れてきたら１セットを「15秒・30秒」「15秒・15秒」と負荷を上げていきます。

この秒数に限らず、運動と休憩とを「１：３」→「１：２」→「１：１」→「２：１」→「３：１」を目安にレベルアップしていくといいでしょう。

ビジネスの世界では、常にさまざまな決断を迫られます。ここぞというときの決断を誤らないために、大切なのはゆとりや余裕。いつでも余力十分であることが不可欠です。そうした体力は、心肺を鍛えることで養われます。ＥＳＤによる心臓の強化が、「決断力アップ」に直結するのです。

動画でチェック!

決断力トレーニング①

…マウンテンクライマー

10～15回

1 腕立て伏せの姿勢をとり、
両腕と体幹を使ってしっかり全身を支える。

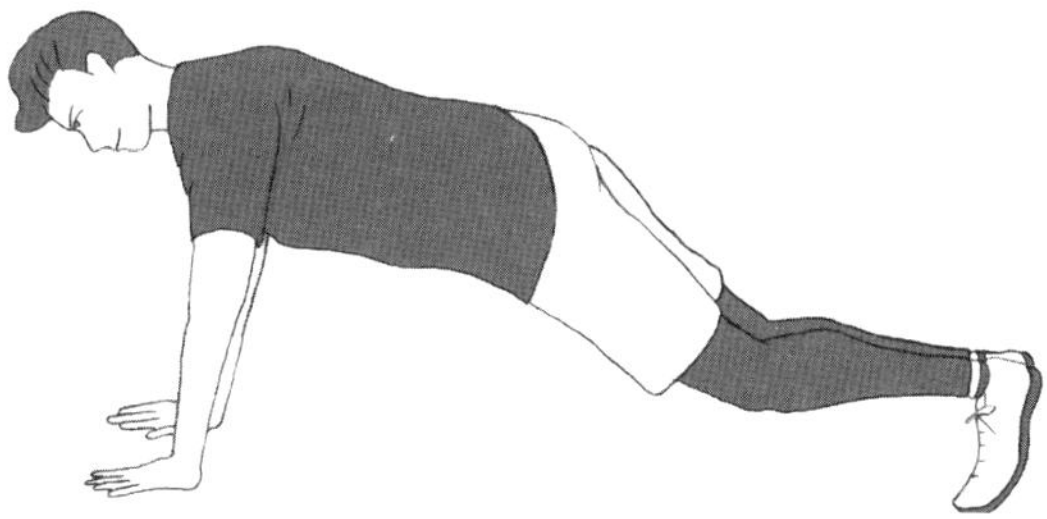

2 片脚ずつ大きく前に踏み出し、
テンポよく左右交互に繰り返す。

POINT

- □ 踏み出した足は床についた手よりも外側に着地させる。
- □ 足を戻すときは同じ側の手から後ろに真っ直ぐ伸ばした位置に。
- □ 股関節もしっかり開いて、できるだけ前方に足を着地させる。

NG

✕ 脚の動きが小さく膝しか曲がらない。

決断力トレーニング②…バーピー

10秒↓30秒休憩×3セットから

動画でチェック!

1

真っ直ぐ前を向いて立った姿勢から、膝を曲げながら前屈して両手を足の前につく。

POINT

- □ 大きな動きで、リズミカルに行う。
- □ 目一杯動いて短時間でも息が上がるくらいに。
- □ しっかり曲げ伸ばしをする。

同時に両足で床を蹴るようにして脚を伸ばして後方に着地させ、腕立て伏せの姿勢になる。

足を元の位置に戻すと同時に身体も伸ばして立ち上がり1の姿勢に。1〜3をテンポよく繰り返す。

NG

- ✕ 脚はピンと伸ばして後ろにつく。膝が曲がったままになってしまう。
- ✕ 元の姿勢に戻るときも全身が伸びきらない。

動画でチェック!

決断力トレーニング③

…スピードハイニー

10秒→30秒休憩×3セットから

1

肘を軽く曲げて腕を肩の高さくらいに上げた直立姿勢でスタート。

2

膝を高く上げて胸まで引き上げるようにしてその場で足踏みしながら、上げた膝とは反対の腕の肘で膝にタッチするつもりで大きく動かす。左右交互にテンポよく行う。

POINT

- □ 上げる脚ではなく床についた軸足を意識。
- □ 軸足側のお尻で地面を押す感覚で。
- □ 体幹をしっかり固定させて姿勢は真っ直ぐに保つ。

NG

- ✕ 背中が曲がって猫背になると十分な負荷がかからない。
- ✕ 脚を高く上げた状態で姿勢を保てない。

10秒→30秒休憩×3セットから

決断力トレーニング④

…ハンドウォーク

1

直立の姿勢から前屈姿勢で足のすぐ前に両手をつく。

2

左右交互に手を前に出していき、クマのような四つん這いからさらに全身を伸ばしていく。

3

体幹で身体を支えられる限界まで手が進んだら逆の動作で戻り、1の姿勢に。1〜3を繰り返す。

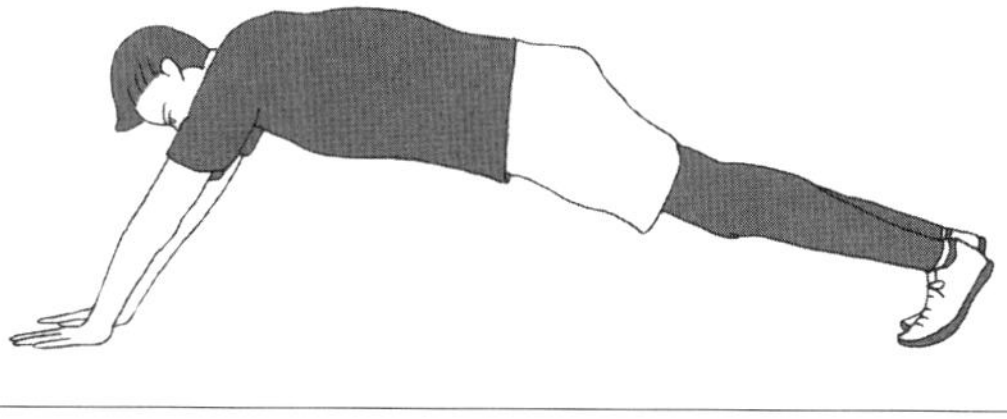

動画でチェック!

POINT

- □ 体幹をしっかり使って、全身を真っ直ぐに保つ。
- □ 左右の手は頭よりさらに前方に。身体を支えられるギリギリの位置まで進む。
- □ 前屈ができない場合は軽く膝を曲げてもOK。

NG

- × 腰が曲がってしまい手が前方まで進まない。
- × 身体がしっかり伸びず小さな動きになってしまう。

動画でチェック!

決断力トレーニング⑤
…スクワットキック

10秒→30秒休憩×3セットから

1

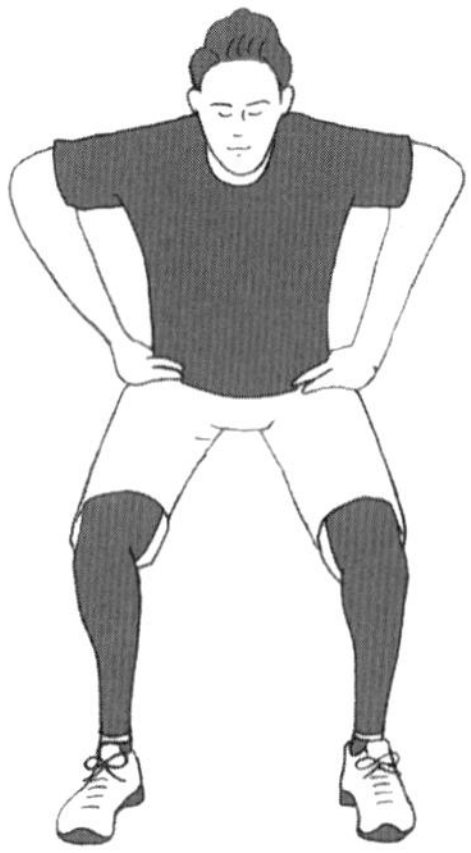

腰に手を当てて脚を肩幅に開いた姿勢から、膝を曲げてお尻を深く下げて戻すスクワットを行う。

2

1回ごとに左右交互に脚を正面に大きく蹴り上げ、下ろす。

POINT

- □ キックする脚より軸足を意識する。
- □ 軸足のお尻から足の裏で地面を強く押す感覚で。
- □ 股関節と腹筋が使えていることを意識して行う。

NG

- ✕ 体幹でしっかり支えていないと、キックするときに身体が左右にブレてしまう。
- ✕ 同様に、身体が後ろにのけぞってしまう。

10秒→30秒休憩×3セットから

決断力トレーニング⑥
…ツイストクランチ

1 仰向けに寝て両手は頭の後ろで組んで頭を床から上げる。

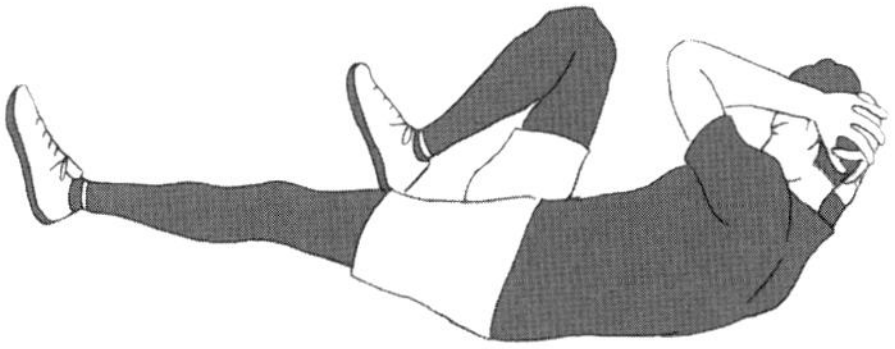

2 足首を90度に曲げて脚全体を床から少し浮かせ、片脚の膝は深く曲げて胸まで引き上げる。

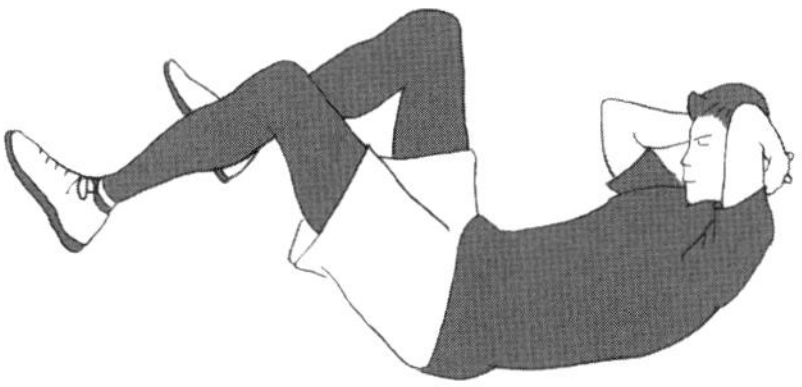

3 頭を浮かせたまま、脚を左右交互に胸まで引き上げ、伸ばす。

動画でチェック!

POINT

□ 曲げた脚を戻すときはしっかり伸ばす。
□ 脚は床すれすれに保つ。
□ 上げる脚は膝が胸につくくらいにしっかり曲げる。

NG

× 全身が丸まってしまわないように。
× 膝が曲がったまま小さな動きになってはダメ。

動画でチェック!

決断力トレーニング⑦
…プランクショルダータッチ

10秒→30秒休憩×3セットから

1 脚を肩幅に開いた腕立て伏せの姿勢になる。

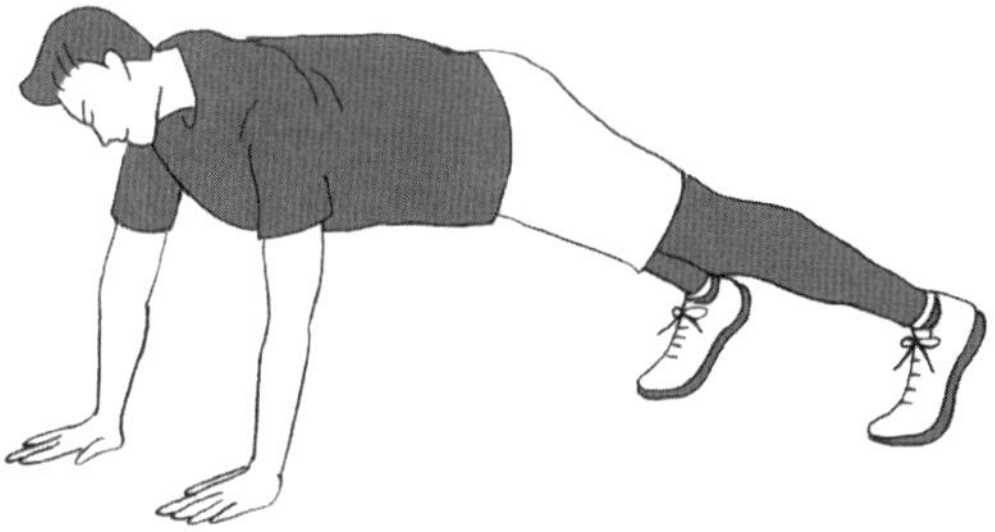

2 片腕を床から離して反対側の肩にタッチして下ろす。
左右の腕を交互に繰り返す。

POINT

□ 脚の開き方で難易度が変わる。うまくできない人は大きく開いて。
□ 体幹で身体を支えて全身を真っ直ぐに保つ。
□ お尻や腿の前の筋肉も使ってしっかり支える。

NG

× 体幹に力が入らずお尻が上がってしまう。

研ぎ澄まされた決断力と懐深い包容力を

紹介した7メニューは、どれも短時間で心臓に負荷を与えて強化できるものですが、「マウンテンクライマー」は全身、「バーピー」は太腿や腕、「スピードハイニー」「スクワットキック」は体幹やお尻、「ハンドウォーク」は体幹や肩甲骨、「ツイストクランチ」は腹筋や股関節、「プランクショルダータッチ」は体幹や肩甲骨まわりの筋肉などを意識的に使って行います。

この章の冒頭で決断力とは「一つに決めて、ほかは断つ力」だと言いました。でも、決断力を高めるトレーニングについては、心臓だけでなく、体幹を中心にさまざまな部位も同時に鍛えられる欲張りなラインナップだというわけです。

スマートウォッチなど心拍数を測る手立てのある方は、毎朝の計測を習慣化してはどうでしょう。ESDトレーニングをはじめると、安静時心拍数が低下するかもしれません。日々の体調も合わせて記録しておけば、疲れの度合いによって心拍数がどれくらい上がる傾向にあるかといった自分の体調をつかみやすくなり、早めに休息をとるといった方策もとれることになります。第1章で述べた現状把握の一つとして、自己管理に役立ててください。

トレーニングがブームを超えてスタンダードになり、それでもまだ筋トレだけ、走るだけという人は少なくないのが現状です。そんななか、ビジネスパーソンとして世の中の先を見越した視点で、「決断力」を高めるために心臓強化のプログラムを取り入れる人などゼロに近いのではないかと思います。

また、決断力以外にも、心臓を鍛えることで高まる力はあると思います。

心臓＝英語でハート。文字どおり「折れないハート」として、簡単に挫けずへこたれない心や、部下や同僚、ステークホルダーに対して心を砕く真摯な姿勢のもととなるのではないでしょうか。さらに、心臓がある胸のあたりの内側は、日本語では懐《ふところ》と言いますね。リーダーマインドを持ったこれからのビジネスパーソンは、「一つを選び、ほかは断ち切る」決断の力と同時に、変化のなかで他者やものごとを「広く受け入れる」寛容さや受容性、包容力も求められると思います。

ハート（心臓）を鍛えて体力に余裕が持てれば、自分以外の人やものへのゆとりも生まれます。研ぎ澄まされた決断力と、懐の深さを併せ持つ、器の大きな人間性を育めるのではないでしょうか。

第3章

挑戦力は「お尻」の大きさと柔らかさで決まる

過負荷の原則で自分を追い込みチャレンジ精神を養う

これからの時代に必要な「挑戦力」は、「6つの歯車」のなかの「レジスタンス・トレーニング」、つまり筋トレで「お尻」の筋肉を鍛えることで高められます。

人生は挑戦の連続だと言われます。ネガティブな状況を打開して問題の克服に向けた努力をしたり、ポジティブな姿勢で自らの理想を実現したり。挑戦は、人を成長させます。

挑戦には勇気が必要です。困難な問題に直面したとき、そこから逃げていては事態は改善しないからです。問題に正面から向き合い、解決を目指すことで、新たな経験や能力は得られます。何かに挑戦するプロセスで起きるさまざまな体験も、ビジネスのスキルだけでなく人生を色濃く豊かにし、精神的な成長も促してくれます。

挑戦とは、困難に思える大きな課題にチャレンジすることです。

人はそもそも、挑戦を続けるためにいるのではないかとさえ、私は思います。

なぜなら、人の身体を見ればわかることですが、使わないままの筋肉は衰えていく一方です。「生きる」という基本的な活動をするだけでも、本来の機能を生かしていくには、肉体は常に使っていなくてはなりません。人間の身体は優秀で、最初は不慣れで困難だったことも、続けるうちに適応能力が発揮されます。ですが、その状態に慣れてしまうとそれ以上の成長や改善は望めなくなってしまうのです。

　これとまったく同じことがいえるのが「筋トレ」です。

筋トレをはじめとするトレーニングには、6原則というものがあります。その筆頭に挙げられるのが「過負荷の原則」。オーバーロードの原則とも言われ、トレーニングを行う際に、日常生活以上の負荷を与えなければ、効果がないという法則です。また、毎回同じ負荷でトレーニングを続けていても、やはり適応能力が作用して身体がその負荷に適応してしまい、効果が表れにくくなります。

　たとえば、日頃から運動量が多く、デスクワークでなく肉体を使う仕事をしている人は、そのまま生活していたら痩せる一方なのでしょうか。そんなことはないはずで、すでにその負荷には身体が慣れてしまっているため、変化は起こりません。

　ということは、身体を変えたければ、負荷を常に上げていく必要があります。ボディメイクが目的でも、機能向上のためでもこれは同じです。

　過負荷のかけ方はさまざまで、ウエイトの重さを上げたり、行うセットの回数を増やしたり、動作のスピードを上げたりします。「あと1回！」という小さな挑戦が、達成の喜びとなり、「明日はさらにもう1回」という意欲をかき立てます。その連続が、筋肉を強く大きく成長させるのです。

必要なのは大胆な転換にも怯まない挑戦力

先行き不透明なVUCA《ブーカ》の時代は、「挑戦」の中身も変わるでしょう。企業レベルでいえば、変化に備えて新規事業を興すにしても、これまでのように自社のマーケットの範囲や、せいぜい周辺領域での拡大を図る程度では、抜本的な打開策にはならないかもしれません。変化の予兆を察知しながら、未知の領域へ大きく舵を切る。そういった大胆な転換にも、怯まず、勇敢に臨める挑戦力がこの先は求められます。

舵を切ろうにも五里霧中で、挑戦の行き先が見えない。そんななかでも、できることはいくらでもあります。たとえば、今順調な自社の事業は、この先も本当に安泰でしょうか。こんなふうにあらゆる場面で「前提を疑ってみるマインド」は、ビジネスパーソンに必要なスキルの一つです。このまま進んで問題ないか。現状にほころびはないか。あるとしたらヒト・コト・カネをどう改善のために費やすか。あるいは、ほころびから見えてくる新たな商機の可能性は……？

経営学で学ぶ思考術の基本は、「常に前提を疑う」スタンスです。ビジネスには正解も完璧もないのだから、疑うことで、完璧に見えたものでも正すべき問題点が見つかったり、発展の可能性に気づけたりします。そうした思考を積み重ね、仮説・検証を繰り返すことで、一見畑違いの領域にも自社の強みが生かせる新規事業など、霧の晴れ間が見つかったりするのです。

ものごとを考えるときに、答えを決めずに疑い、批判的に考えることを「クリティカル・シンキング」といいます。これをしていくときに、第1章で分析の手法として挙げた「3C分析」や「4P分析」などのフレームワークを活用します。

クリティカルな視点から生まれる新たな挑戦

新規事業参入といった大きな挑戦のテーマは、経営陣や管理職が決めることで、そのための「疑うマインド」も彼ら任せにしていればいいでしょうか？

決してそうではありません。第2章でも述べたとおり、これからは現場にこそ、決断力とリーダーのマインドを持った人材が必要です。

また、激動を伴うＶＵＣＡの時代も困難ばかりではありません。

多くの人が経験したリモートワークも、不便を感じた人もいれば、メリットばかりだという人もいたはずです。それまで細かなルールでリモートは一部の社員だけに制限していた企業でも、一気に全社対応にするといったことが起きました。社会情勢に伴う対応だとはいえ、ルールの意味や有用性を疑うマインドで改めてとらえる好機になったかもしれないし、個人にとっても、生産性とＱＯＬを両立する働き方やライフスタイルについて自身の価値観を疑い、再構築する機会になったかもしれません。

今後いつ、いかなる変化が起きるか予測が立たないのが今の世の中です。だからこそ、自分の求める幸福や人生について、クリティカルな目を持ちながら、理想を描くチャンスです。ある経営者は、コロナの影響ではなく10年以上前からだそうですが地方の村と東京を行き来する生活をしているそうです。先日は、東京と結んで参加する、オンライン会議の模様を目にしました。リモートでも熱のこもった議論の後ろでは、時折、動物の鳴き声が山間の地に響いていました。

ビフォーコロナの頃に戻りたいと願うことや、現時点のあり方をこの先も続けることが自分の「あるべき姿」としてふさわしいのか？　価値観が多様化した曖昧な世の中だからこそ、前提を疑ってみれば、むしろ創造性豊かに挑戦できる機会に恵まれるかもしれません。

ドーパミン効果で「挑戦する脳」に

リーダーのマインドで思考し、臆せず挑戦する力を養うトレーニングは、過負荷の原則を存分に生かせる筋トレが最適です。「もう無理だ！」と思ってからのあと2回。筋トレは、その追い込みこそが意味を成します。前回と同じ回数で諦めてしまっては、そこまで頑張った分は、筋力アップとしては効果ナシとなってしまいます。

とはいえ、筋トレ経験のある方ならわかるでしょうが、実際のところは「無理だ」と思ってからの追い込みも、意外とクリアしてきたのではないでしょうか。

このとき感じる「できた！」という達成感は、脳内でノルアドレナリン、セロトニン、ドーパミンのホルモンの分泌を促します。これらは「三大神経伝達物質」と呼ばれますが、ノルアドレナリンが不快感を避ける役割を担い、セロトニンが心の安定や調整を行うのに対して、ドーパミンは、大量に分泌されるとやる気や意欲が高まります。脳内の「側坐核」という部位がドーパミンで刺激されると、モチベーションが上がるとされているのです（ノルアドレナリンとセロトニンには、ドーパミンがモチベーションに作用するのを補助する役割もあります）。

限界まで追い込んで体力を使い果たしながらも、言いようのない爽快感を覚えたことのある人もいるでしょう。この爽快感も、ドーパミンの働きによるものです。

　これらの快感を伴って生まれるモチベーションは、過負荷の原則に沿って「常に追い込み続けること」への挑戦を後押ししてくれます。「今日は3セットできたから、明日はもう1セット」といった具合に負荷を上げながら、着実に達成していくプロセスは、成功体験の積み重ねとなり自分への自信にもつながります。さらに、ドーパミンは新たなものへの探究心や動機づけのスイッチにもなってくれます。

　このように、ドーパミンは挑戦力を養うにはいいことずくめです。しかも「10回×1セット」といった小さな挑戦でも、達成感を味わえば分泌されます。レジスタンス・トレーニングで「挑戦→達成」のサイクルを習慣化すれば、未知なる世界への挑戦でも、厭わず向かえる肉体と脳が育めるのです。

末端の筋肉は週3のバイト、副社長である「お尻」の筋肉こそ要

筋トレは、「大きな筋肉から小さな筋肉へ」の順序で行うのが基本です。

筋肉の大きさと、使うエネルギー量は比例しています。大きな筋肉を動かすには大きなエネルギーが必要になるため、仮に小さな筋肉からトレーニングをはじめてしまうと、大きな筋肉を鍛えるときには十分なエネルギーが残っていない可能性があるからです。

また、大きな筋肉のトレーニングは、複数の関節や筋肉を使うことが多く、大きな筋肉のトレーニングからはじめれば、間接的に小さな筋肉も鍛えることになります。ダイエットの点からも、大きな筋肉を優先的に鍛えることは、基礎代謝のアップにつながります。

日常のさまざまな動作も、大きな筋肉を使って動くのが原則です。

人間の筋肉は、身体の中心部にあるものが大きくて、手足の指など末端にいくほど細く小さくなっています。ですから本来は高い棚の上のものを取るときも、腕ではなく背中を使って腕を動かすのが正しい動作です。歩いたり走ったりする際にも、股関節を動かして歩くのが本来の動作で、中心から外側へと動きを伝えて動かします。

私は以前からこれを、企業経営にたとえています。

全身の筋肉のなかでも身体の中央にあって、太い幹の役割をする体幹が、経営トップ。特に、腹筋が社長です。そこから末端にいくほど、部長、課長と役職や権限が下がっていきます。経営では、トップが明確な意思決定を下して経営責任も負い、末端が必要以上の権限を持ったり、能力を大幅に超える仕事を強いられたりすることはありません。

ところが身体の使い方となると、多くの人が逆をやっています。腕や足首など末端だけを酷使して、中心の大きな筋肉を使えていないのです。

これではまるで、経験の少ない若手社員に膨大な仕事を押しつけたり、週3回出勤のアルバイトに重要案件を任せたりしているようなもの。オーバーワークの若手社員が急に倒れたりするように、身体もその部位のケガや機能不全を招きます。若手社員やアルバイト任せにしていては周りが手を焼くように、身体でも、中心の不十分な動きをカバーしていた末端の部位にもトラブルが生じたりします。

末端ではなく、本来使うべき中心の大きな部位には、体幹のほかに腿の前面（大腿四頭筋）やふくらはぎ（下腿三頭筋）、腿の裏（ハムストリングス）などの筋肉があります。なかでも今回、集中的に鍛えて欲しいのはお尻の筋肉です。

お尻の筋肉は、股関節と相関関係にあって、歩く、走る、止まる、骨盤を使って腰をひねりながら脚を蹴り出すなど、大きな筋肉の中でも複雑で重要な役割を担います。企業でいえば、お尻は副社長にあたるのです。社長である腹筋とトップ争いをするくらい、実は大事な筋肉です。

地面を歩く力の起点となっているのがお尻の筋肉です。そして社長が腹筋で、肩甲骨は専務取締役。企業では経営陣のブレが会社全体に影響するように、人間の身体でも、土台となる筋肉が使われていない状態では、ほかの部分を鍛えようとしても、ケガをしたり肩こりや腰痛、膝痛などのトラブルが出やすくなります。

でも、社長であるお腹とともに副社長のお尻もしっかり鍛えておけば、腕や脚など末端が肩代わりしていた負担がなくなるので、全身バランスよく鍛えやすくなります。

挑戦力を高めるためにはお尻を鍛えよう

実は、メジャーリーガーをはじめとするトップアスリートのトレーニングに携わるなかで、私が彼らの身体で特にチェックするのもお尻です。ここの筋肉が正しく使えているかどうかが、パフォーマンスに大きく影響するからです。

心身のコンディションがよく好成績を維持しているアスリートは、お尻から腿の付け根の筋肉が発達して張りがあり、ある程度の大きさがありますが、末端の足先にかけてはスッと細く締まっています。

チーターやサラブレッドなど速く走る動物も、お尻の筋肉は隆々としていても脚は細く、チーターが時速１００km超で走るにはどこの筋肉を使っているのか、一目瞭然です。サラブレッドに至っては、スピードこそチーターに劣るものの、５００kg近くの体重に対して脚がマッチ棒のように細いのは、たくましいお尻の筋肉で支えているからです。走るためには、脚を使っていないことがわかります。

人間の身体は、象や熊とは違います。チーターやサラブレッドのように末端にいくほど細くなり、本来は彼らと同じように、胴まわりの筋肉を使うようにつくられています。ＶＵＣＡの時代、組織のあり方としては従来のトップダウン型から変わっていくべきだと言われますが、人の身体に関していえば、基本的な構造やメカニズムはそんなに短いスパンで変わるものではありません。この先も、社長は腹筋、お尻は副社長の２トップ体制で、末端には過剰な負荷をかけない健全経営が基本です。

レジスタンス・トレーニングでお尻を使える身体に

ところが、副社長のポジションにありながら、お尻は身体の後ろにあるため意識しづらく、ますます使わなくなっています。身体の深部で腿やお尻に覆われている股関節も、膝や肘、肩などと違って意識しづらい関節です。

アスリートでさえ、シーズン中、私のトレーニングを受けずにいると、
「お尻ってどうやって力を入れるんだっけ？」
と正しい使い方を忘れてしまうこともあるほどです。

筋肉は、使わないと硬くなり、劣化したゴムのように切れたり裂けたりしやすくなります。アスリートの良好なコンディションはお尻に如実に表れますが、衰えもすぐわかります。副社長であるお尻にグッと力が込められないと、末端のアルバイトに頼って腿裏の筋肉で走ったりしてしまうため、肉離れなどの故障を起こしがちになります。股関節も、使わずにいると可動域が狭くなり、股関節が硬いと腰痛や膝痛のもとになります。

でも、トレーニングで鍛えれば、機能は必ず改善します。筋肉は新品のチューブのようなハリと弾力を取り戻し、こわばった股関節も、筋トレやストレッチで柔軟性は向上できます。

そこで、この章では「挑戦力」を高めるトレーニングとしてお尻の筋トレを紹介します。

お尻を引き締めたり、筋肉をつけてある程度大きくしたりするには股関節を使えることも欠かせないため、どちらにも効果的なメニューが中心です。

「6つの歯車」では、「レジスタンス・トレーニング」に該当します。紹介するレジスタンス・トレーニングは、お尻の筋肉のなかでもおもに大臀筋と中臀筋を鍛えます。

大臀筋は、腿の外側の付け根から背骨に向かってお尻全体を斜めに覆う筋肉で、腿裏の筋

肉（ハムストリングス）と連動しています。つまり歩く、走る、椅子から立ち上がるなど、おもに下半身を使う動作でパワーを担う筋肉です。さらに、全身を大きく曲げたり伸ばしたり、ただ真っ直ぐ立ったりするだけでも、股関節とともに機能しています。日常動作のあらゆるシーンに関わる重要な筋肉が大臀筋です。

人間は二足歩行の生き物ですから、サルなどと比べても、この大臀筋が大きく発達しています。このことからも、立って、歩くという動作ひとつとってもお尻を使ってするものなのだとわかります。背骨に向かってお尻全体を覆い、支える筋肉ですから、お尻を引き締めたい人はもちろん、筋肉をつけて大きくしたい人にもこの大臀筋のトレーニングが欠かせません。

中臀筋は、お尻の側面上部を走る筋肉で、おもに股関節を横に広げる動作に関わります。大臀筋が身体をかがめたり伸ばしたり歩いたりという、身体の曲げ伸ばしや脚の前後の動きを担うのに対して、中臀筋は左右の動きに関わるイメージです。

中臀筋には横方向の身体の動きのストッパーの役割もあるため、片足で立ったり階段を上り下りしたりする際に、ブレを正して安定させます。街を歩いていると高齢者の方が身体を左右に揺らしながら歩いているのを目にしますが、これは中臀筋の筋力低下が原因の場合があります。若い人でも、歩いたり走ったりするときにお尻が左右に揺れてしまうというのは、中臀筋が衰えているからかもしれません。

紹介するメニューのなかでは、たとえば「ドギー」が中臀筋の筋力アップに効果的です。オス犬が後ろ足を片方上げて用を足すような動きのトレーニングです。中臀筋が弱っていると、足を高く上げられません。この動きには股関節の横方向の回転も関わるため、中臀筋が弱ると股関節の可動域も狭くなり、どちらもうまく使えない悪循環に陥ってしまいます。トレーニングで強化しましょう。

その他のメニューも、今回紹介するのはお尻の筋トレ効果とともに、正しく行えばストレッチ（リジェネレーション）効果も得られるものです。動画も見ながら、正しい身体の動かし方をつかんでください。

動画でチェック!

挑戦力トレーニング①
…ヒールスクィーズ

フォームが保てる限界＋2回

1 うつ伏せに寝て顔も伏せ、膝を90度に曲げて両手はおでこの下に重ねる。

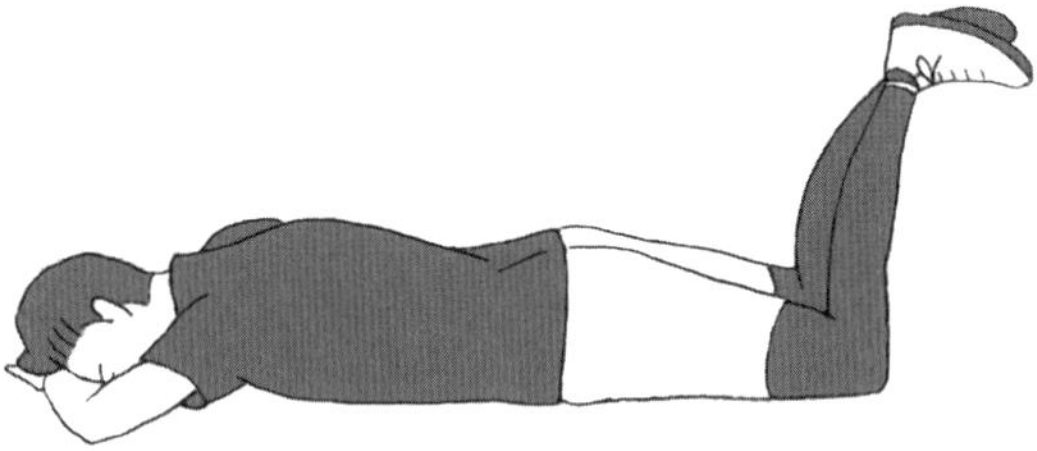

2 お尻にグッと力を入れてから、膝から腿を床から少し持ち上げ、下ろす。

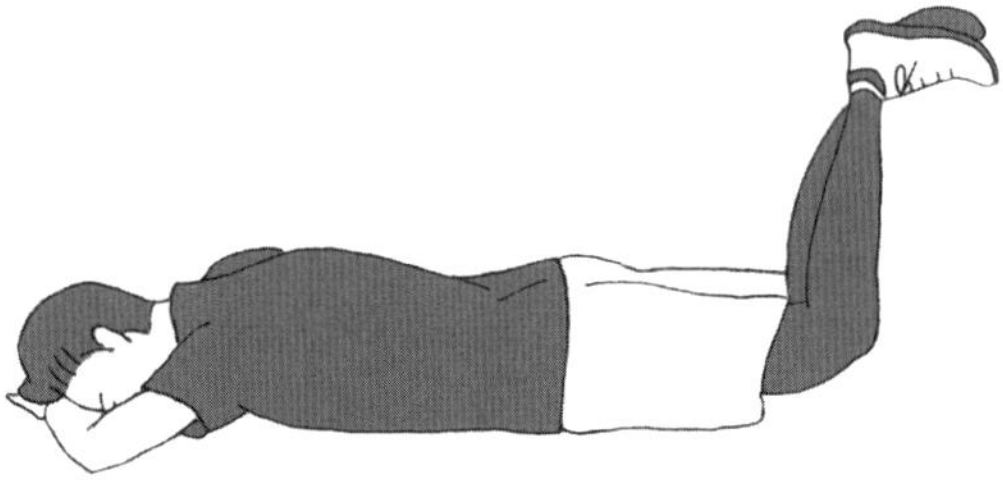

POINT

□ 腿ではなくお尻の筋肉（大臀筋）を使う。
□ 膝は肩幅に開き、脚は床から少し上げればOK。
□ 顔は床に伏せたままに。

NG

✕ 肩から上が上がってしまう。

動画でチェック!

挑戦力トレーニング②

…ドギー

フォームが保てる限界＋2回

1 四つん這いの姿勢で顔を伏せ、背筋を真っ直ぐ伸ばす。

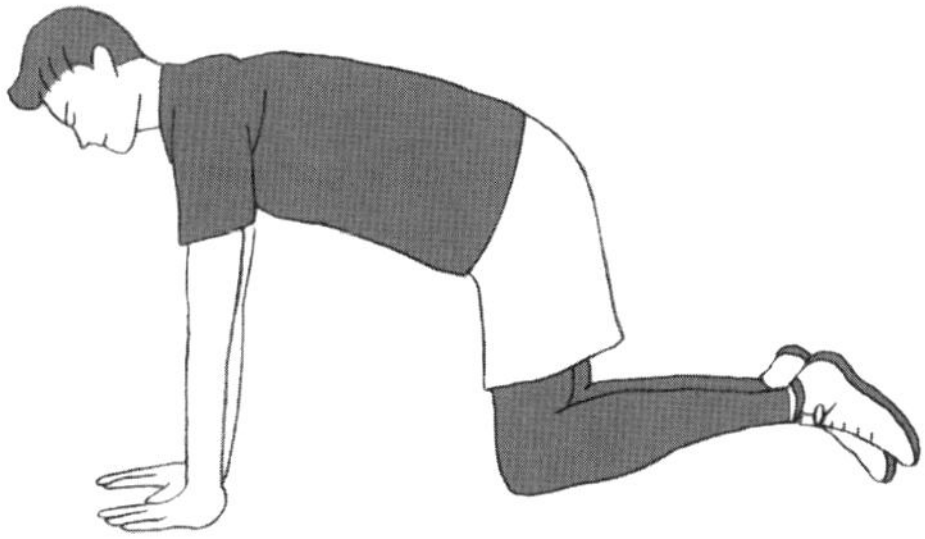

2 股関節を横回転させて開脚するように
片脚を真横に上げて、下ろす。

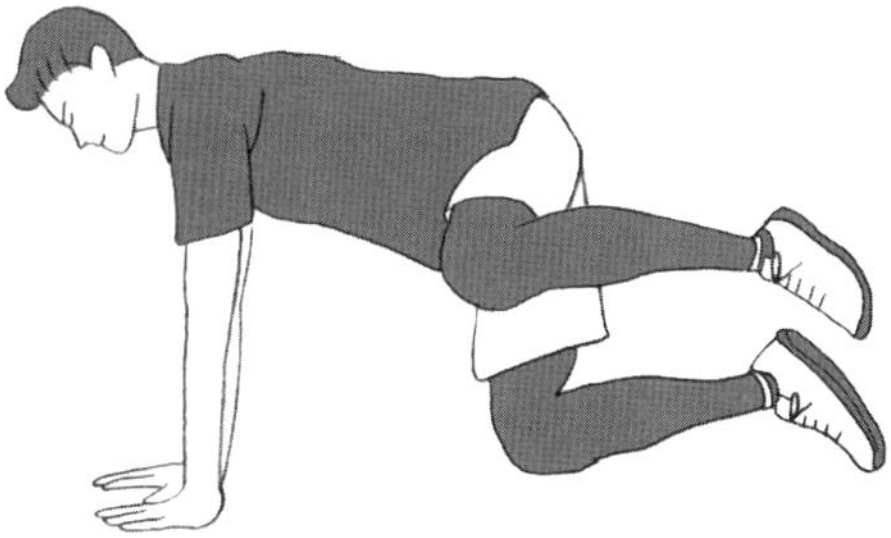

POINT

- □ 上げる脚側に骨盤が開かないよう床と平行に保つ。
- □ お尻の左右上部の中臀筋を意識する。
- □ 顔は伏せて頭から腰まで一直線になるように。

NG

- × 顔が上がって背中が反ってしまう。
- × 猫背になり肘が曲がってしまう。

動画でチェック!

挑戦力トレーニング③
…ブリッジ

フォームが保てる限界+2回

1 仰向けに寝て膝を立て、かかとは腰幅くらいに開いてお尻に寄せる。両手は自然に身体の脇に。

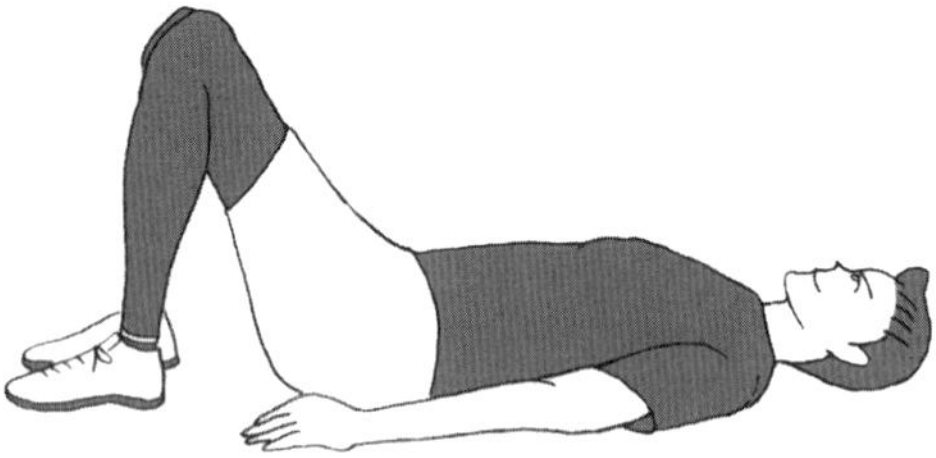

2 お尻に力を入れて肩から膝が一直線になる高さまで持ち上げ、下ろす。

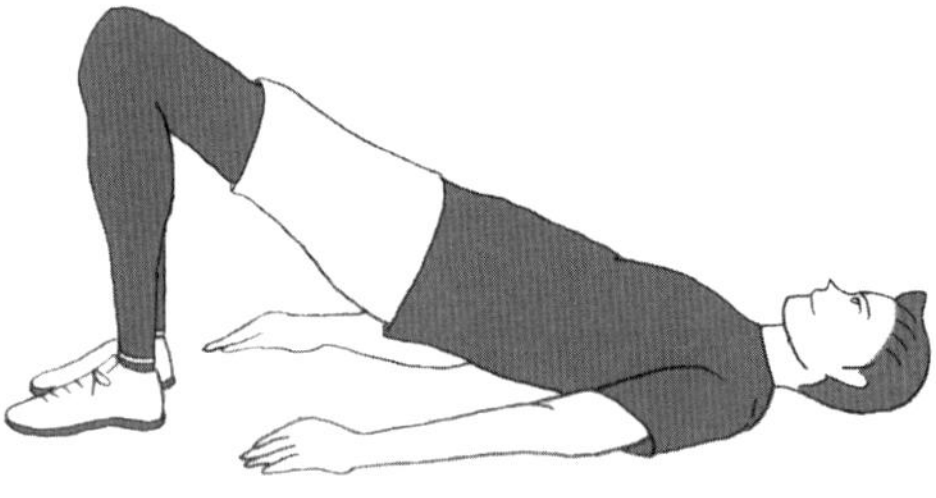

POINT

- □ 骨盤は真っ直ぐ立てたままにする。
- □ かかととお尻がはなれると腿を使ってしまうため、なるべくお尻側に寄せる。

NG

- ✖ 腰を反ってお尻を高く上げてしまう。
- ✖ 背中に力が入ってしまう。

フォームが保てる限界+2回

挑戦力トレーニング④

…マーチング

1

仰向けに寝て膝を立て、かかとを腰幅くらいに開いてお尻に寄せたら、お尻に力を入れて肩から膝が一直線になる高さまで持ち上げる。両手は自然に身体の脇に。

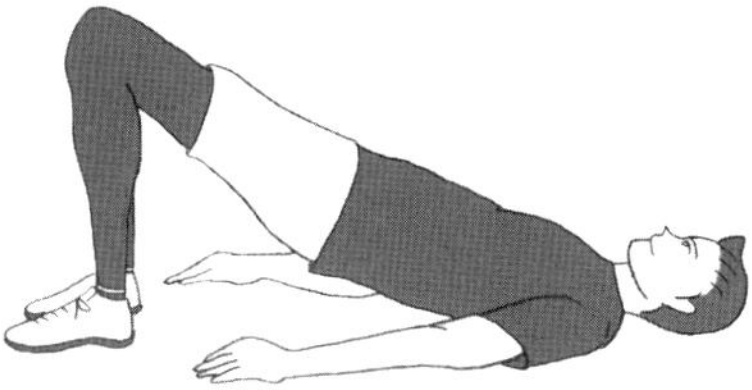

2

全身の姿勢をキープした状態で、片脚だけ膝を曲げたまま胸のほうへ大きく回旋させて、下ろす。

3

左右交互に繰り返す。

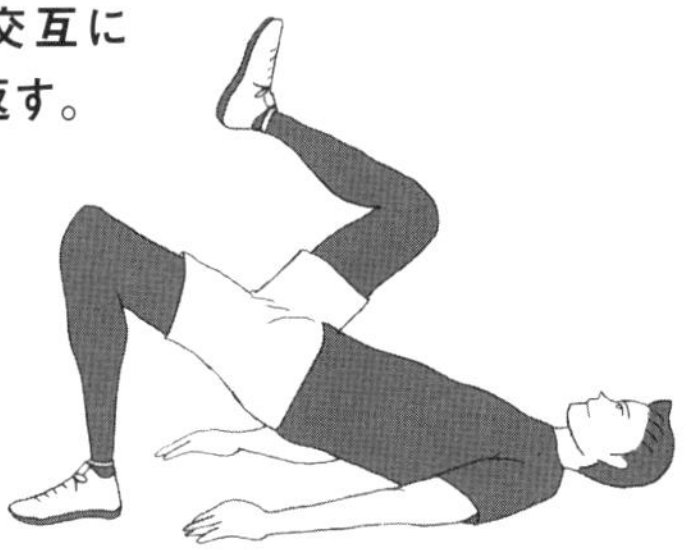

動画でチェック!

POINT

- □ 膝を胸に寄せるつもりで。
- □ ブリッジの姿勢をキープしたまま行う。

NG

✖ 脚を上げるときにお尻が下がってしまい、勢いよく蹴り上げてしまう。

挑戦力トレーニング⑤
…ウィンドミル・ワンレッグ

フォームが保てる限界+2回

1

椅子の背もたれなどにつかまって上半身を床と平行くらいに倒し、右脚を床と平行の高さまで後方に伸ばして上げる。両手をついたまま骨盤から上半身を右側に開いておく。

動画でチェック!

POINT

□ 軸足のお尻上部の中臀筋を刺激する。
□ なるべく大きく動かす。

2

3

骨盤を左側に回しながら、上げた脚を股関節を内転させて軸足の左後方に巻き込むように下ろす。

反対側も同様に行う。

NG

× 軸足の膝が外側に曲がってしまい、上げた脚も下方向に下りてしまう。
× 背中が丸まってしまう。

挑戦力トレーニング⑥

…ブルガリアンスクワット

フォームが保てる限界＋2回

1

椅子などの前に立ち片脚をその上に置く。手は胸の前でクロスさせておく。

動画でチェック!

POINT

- □ 背筋を伸ばして骨盤は立てたまま行う。
- □ 軸足の膝を曲げたとき爪先より前に出ないようにする。
- □ 軸足に体重をかけると負荷up。

2

背筋を伸ばし、軸足をゆっくりと曲げ、腰を真下に下ろす。

3

ゆっくりと元の位置へ。

NG

× 猫背になったり、腰を反ったりしてしまう。

動画でチェック!

挑戦力トレーニング⑦
…中臀筋ストレッチ(ヒップアブダクション)

10～15回

1 横向きに寝て、左の肘をついて頭を支え、右手は自然に床におく。

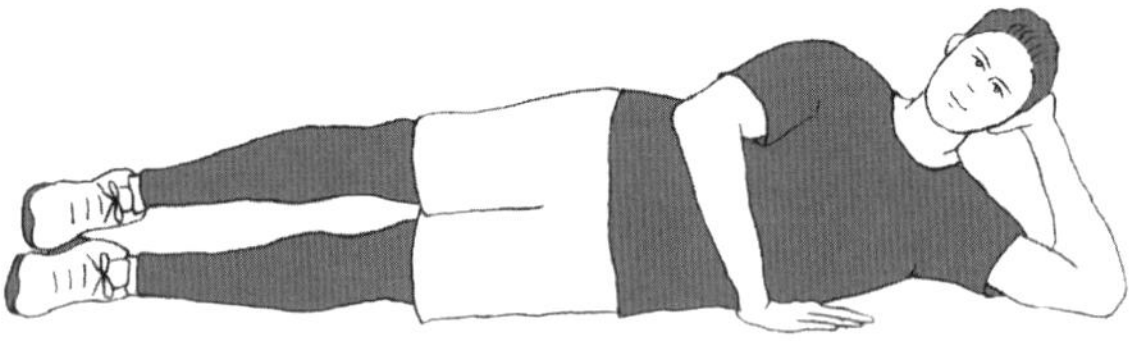

2 右脚をゆっくり股関節から大きく開いて上げ下げする。足首は曲げておく。反対側も同様に。

POINT

□ 2の動作を、かかとを斜め後ろに上げて行うとさらに効果的。
□ お尻上部の筋肉が使われていることを意識。

NG

× 骨盤が開いて身体が背中側に傾く。
× 腰が曲がり身体がくの字になってしまう。

左右各30〜60秒

挑戦力トレーニング⑧

…お尻のストレッチ（大臀筋ストレッチ）

1 膝を立てて仰向けになる。

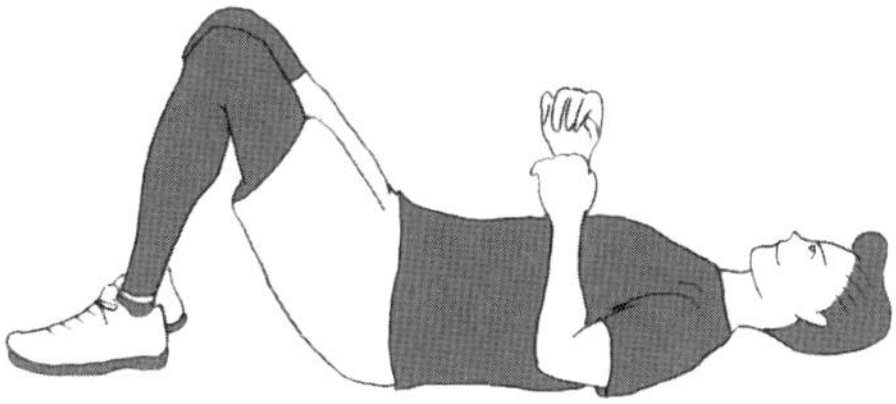

2 左脚を右脚の膝の上に組む。

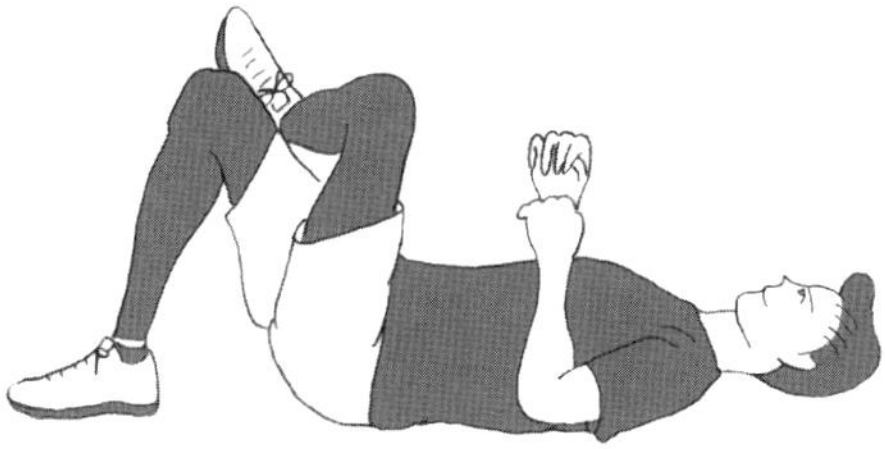

3 左脚の内側に左手を通し、右手とともに右膝を抱え身体を丸め、お尻の筋肉をよく伸ばす。反対側も同様に。

動画でチェック!

POINT

□ お尻の筋肉が伸びるのを意識しながら、ゆっくり自然な呼吸で。

「意識の原則」でお尻のリーダーシップを目覚めさせる

トレーニングは、目的や意味を理解したうえで意識的に行うと、その効果が高まります。これは「意識の原則」といって、過負荷の原則とともに重要なトレーニングの原則の一つです。そのトレーニングでどんな機能が向上し、どこが鍛えられるのか理解しながら取り組むと、効果が表れやすいのです。

日頃意識しづらいお尻の筋肉を過負荷の原則で追い込むときには、身体の中心を使うことの大切さや、「お尻は身体の副社長」なのだと思い出してください。さらに、自分自身が持つべきリーダーのマインドにも目を向けましょう。

「挑戦力」に直結する「やる気」や「モチベーション」を上げるには、三大神経伝達物質のドーパミンが鍵を握る話をしました。ドーパミンは、目標を達成できたことに満足したり、「もう現状維持でいいか」と自分を甘やかしたりした途端、脳から分泌されなくなることもあるといいます。逆に、現状に満足することなく、より高い目標を設定すると、ドーパミンは再び脳から分泌され、モチベーションも一層高まるそうです。トレーニングは回数や頻度など、目に見える目標設定がしやすいものの代表格です。クリアしたときの達成感を存分に味わって、挑戦の勇気につなげてください。

お尻の筋肉は、特に日頃は意識しづらい筋肉です。レジスタンス・トレーニングでお尻だけに特化した筋トレを集中的に実践することで、トレーニング時の意識の使い方もつかめるでしょう。お尻の筋肉を鍛えて、身体の副社長としての意識を目覚めさせれば、どんなことにも挑めるパワーが発揮できるのです。

第４章

行動力は「脛《すね》」の筋肉で決まる

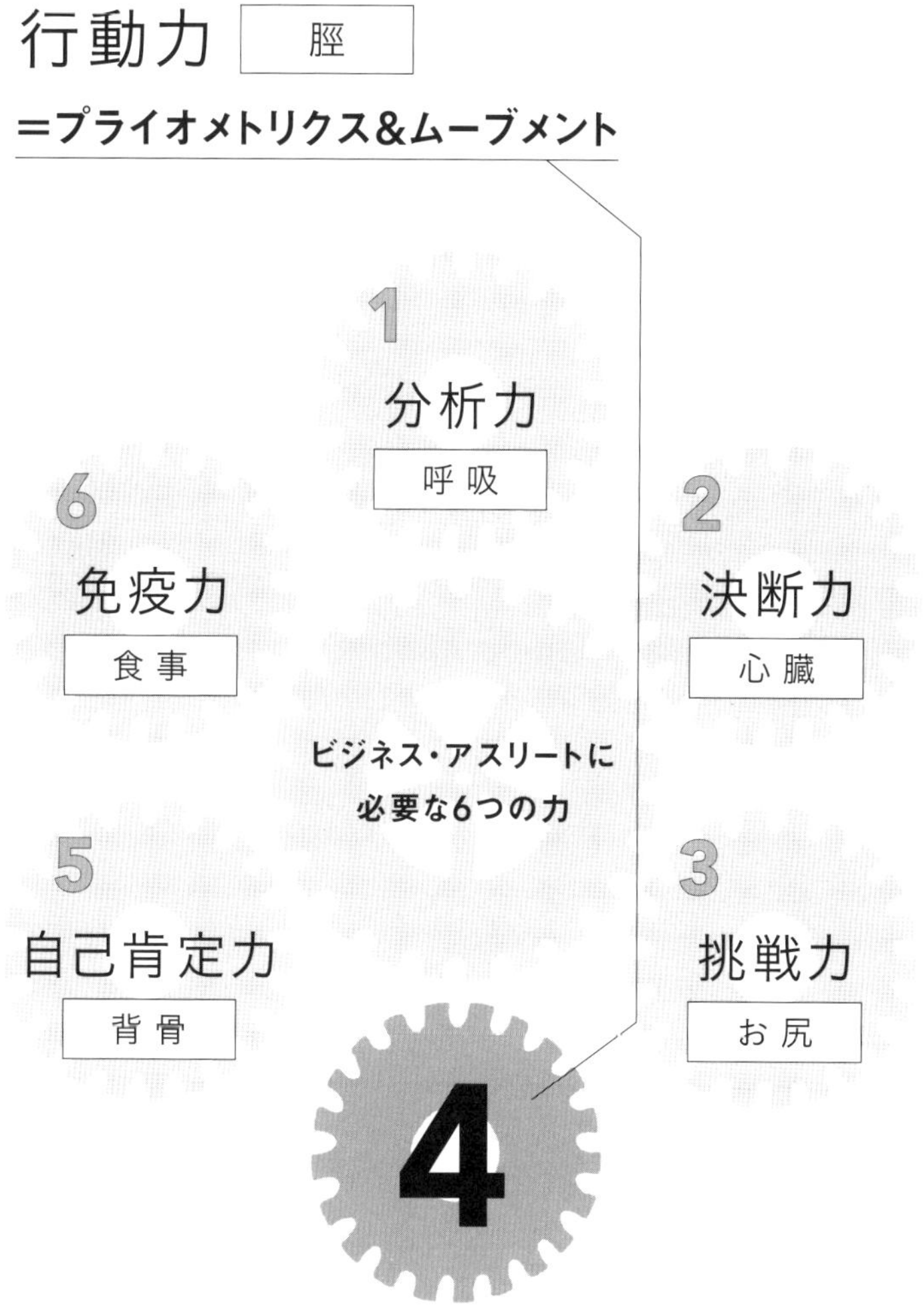

「行動力」とは実際に身体を動かせる力

あるべき姿と現状を把握して分析し（第1章）、なすべき決断をすること（第2章）。

そして、いかなる困難にも果敢に挑む姿勢（第3章）。

この本で今まで述べてきたことです。しかし、考えるだけ、決めるだけでは意味がありません。ビジネスもトレーニングも「実際に、やる」かどうかがすべてです。行動できるか？　ということです。「行動力」は、「6つの歯車」のうちの「プライオメトリクス＆ムーブメント」で「脛《すね》」の筋肉を鍛えることによって高められます。行動できる（動ける）ということは、フットワークが軽いということ、それには文字どおり脚の筋肉、特に脛を使えることが大事なのです。

「行動力」とは、いうまでもなく行動する力、そして行動を起こすことができる力です。

さらに「行動」とは何かといえば、定義の仕方はさまざまです。何かの目的を持って動くことでもあるし、無意識的にしている行動もあります。結果を出すために効率や効果を考えながらする行いも、行動のひとつです。

でも、もっとシンプルに考えましょう。辞書にも次のようにあります。

・実際に体を動かして、あることを行うこと。(大辞林　第三版)

そう、行動とは「行うこと」です。

そしてそれは、「身体を動かして」するのです。

行動につながるモチベーションアップの方法や、行動したくなる動機づけ・習慣づけなど、世の中には、行動力を上げるためのさまざまなノウハウが説かれています。私もこの本を通じて、そうした何らかの理論的な裏づけをしたり、方法論を語ったりすることができないわけではありません。

ですが、それらはすべて「考え」であって、頭で行う部分です。

その先の「実際に身体を動かして」するのが行動なのですから、まずはそちらにフォーカスして話を進めたいと思います。

言い方を変えれば、頭で考える部分はこれまでに述べてきています。それで十分「よし、やってみよう」となると思うのです。行動とは、確かに頭で考えることによって起きる場合が多いです。頭で考えたことによって、行動する必要性を理解したり、やる気が湧いたり、あるいは危機感を抱いたりして、実際に行動を起こします。つまり前述の「行動力」を説明した言葉のなかで、「行動を『起こす』ことができる力」というのは、頭の領域です。でも、実際に行動するのは身体だということです。

狩猟採集民と都市生活者の運動量は？

そもそも、私が日頃から「身体を動かすこと」「身体を正しく使えること」の重要性を再三お伝えしているのは、今述べた考えがあるからです。すなわち「行動とは身体を動かすことだ」という考えです。

もしかすると、「身体を正しく使えるかどうかはアスリートやパフォーマーなど特定の分野のプロには大事だけれど、会社員として働く自分にはそれほど関係ないのでは？」と思う人もいるかもしれません。

でも、それは誤りです。皆さんのようなビジネスパーソンを含むすべての人が、もっと身体を動かし、そして正しく使う必要があります。なぜなら、人間の身体はそのようにできているからです。

アフリカのタンザニアに、今から1万年前と変わらぬ暮らしを続けるハッザ族という民族がいます。このハッザ族について調査し、狩猟採集民の生活スタイルと西洋人の肥満について考察した論文によると、ハッザ族は、家族・親族を含めた20～30人のコミュニティを形成して集団生活を営んでいます。人口は合計で千人程度。農業は行わず、家畜も持たず、主食のヤマイモのほか、野イチゴやバオバブの実、そして狩りで射止めた野生動物の肉を食べています。

狩りには近代的な道具を使わず、機械にも頼りません。使うのは手づくりの弓矢くらいで、男たちはそれを手にして毎日狩りに出かけます。獲物を探して何kmも歩き回り、獲物となる動物たちが見当たらなければ、10mを超す木を登って蜂の巣から蜂蜜をとったりします。女たちも、子どもを背負って木の実を探しに出かけたり、イモを掘るのも、石だらけの土の中から何時間もかけて掘り出します。数km先の水場まで桶を持って水汲みに行くのは、子どもたちの仕事です。

そんな生活をしているハッザ族ですから、日々の運動量は、一日中パソコンの前に座っている都市生活者に比べてさぞかし多いと思われるでしょう。一日のカロリー消費量には大きな差があるに違いありません。

ところが実際には、ハッザ族が一日に一体どれほど多くのカロリーを消費しているのか、西洋人との間で一日あたりのエネルギー消費量を比べたところ、以下のとおりでした。

・西洋人男性………３０５３kcal／日
・ハッザ族男性……２６４９kcal／日（女性は約１９００kcal）

ハッザ族のほうが少ないのです（論文の著者であるニューヨーク市立大学のハーマン・ポンツァー博士は「ほぼ同じ」という見方をしています）。

しかし、ハッザ族は明らかに肉体を駆使する生活をしており、運動量は実際多いのです。論文によると、彼らにＧＰＳ装置をつけてもらって一日の移動距離を測定したところ、平均で男性が11・４km、女性が５・８kmの距離を歩いていたそうです。男性はおもに狩猟をし、女性はおもに植物の採集を行っているため、男女差があるようです。

これは歩数に換算すると男性で２万歩、女性で１万歩程度となります。厚生労働省の「平成30年 国民健康・栄養調査」によれば、日本人の平均値は20～64歳の男性が７６４４歩、女性が６７０５歩ですから、男性については日本人の約２・６倍も歩いていることになります。

また、運動量は「身体活動レベル」という指標によっても推察できます。身体活動レベルとは、一日の「総エネルギー消費量」が、呼吸をはじめ生命維持のために使われるエネルギーである「基礎代謝量」の何倍になるかを示す値です。運動量が多い人ほど、この数値は高くなります。

ハッザ族男性の推定身体活動レベルは、２・２６だったそうです。日本人の場合、デスクワークの仕事をしていて家事や軽い運動もしている人の身体活動レベルは１・７５とされています。やはり、ハッザ族は平均的な都市生活者よりも運動量は多いのです。

実は、運動量とエネルギー消費量の関係について、近年明らかになりつつあることがあります。ハッザ族と都市生活者のエネルギー消費量がほぼ同じだったのと同様の例は、論文の中にほかにもあって、中南米のグアテマラやボリビアで昔ながらの農耕生活を営む人々と、都市生活者の場合がほぼ同じだったり、ナイジェリアの地方に住む女性とシカゴ在住のアフリカ系アメリカ人女性との間でも、運動量が大きく違うにもかかわらず、エネルギー消費量はほぼ同じだったそうです。

どうやら、エネルギー消費量は、運動量が増えればそれに応じて無限に増えるわけではなく、ある程度のところで頭打ちになるようです。だとしたら、一日のエネルギー消費量に上限があるかもしれないなかで、ハッザ族はどうして運動に多くのエネルギーを割り当てられるのでしょうか。

論文の著者は、興味深い推察をしています。

その一つは、運動量の多い人は、身体が細胞や臓器のメンテナンスなど目に見えない活動に使っているエネルギーを、運動にあてる余力を生み出すために節約しているのではないか？　というものです。運動などによる身体の使い方に対して代謝の適応が進んだ結果、たとえば長期化すると悪影響が出る炎症などにエネルギーが使われてしまうのを防いでいるのではないか、というのです。

炎症とは、打撲やウイルスの侵入など、身体が有害な刺激を受けて異常事態が起きたときに、そこから回復するための仕組みです。反応の起きている場所は熱を持ったり腫れ上がったり、痛みを感じたりしますが、異常から回復したにもかかわらず、炎症が続いたり慢性化したりしてしまうことがあります。そうすると心疾患や自己免疫疾患など、ほかのさまざまな病気につながる可能性があります。

炎症反応を起こすにも、エネルギーが必要です。でも、もしも運動量の多い人が、運動する分のエネルギーを確保するために体内の保守用エネルギーを節約しているとすれば、炎症をずっと起こし続けるようなことはエネルギー不足でできない可能性があります。その結果、過剰な炎症反応などが抑えられているのではないかということです。

250万年前から人の身体は変わっていない

今ご紹介したのはあくまで論文の著者の推察ですが、運動が病気を防いで健康を保つ一因として、こうした仕組みが実際あるのかもしれません。

ハッザ族以外にも世界各地の狩猟採集民は、高血圧や動脈硬化といった循環器系の病気や、糖尿病にもなりにくいことがわかっています。これらの病気は今まさに、炎症との関係が注目され、研究が進んでいます。

もちろん、病気には食生活も大きく影響します。ハッザ族と都市生活者との間には食生活の違いも当然ありますが、それにしても、今言ったような仕組みによって、炎症は運動量が多いと防げるのかもしれません。

以上、「人間の身体はどうつくられているか」をお伝えするために、ハッザ族の話をくわしくみてきました。人間が食料を狩猟採集ではなく農耕によって安定して確保できるようになったのは、今から2万数千年前です。現在のような飽食の時代が到来したのは、ごく最近のことなのです。ホモ属が誕生したのが250万年前だとすれば、そこから進化しながらそのほとんどを、ヒトはハッザ族のような生活の仕方と運動量で生きてきたわけです。

運動＝カロリーを消費するためのもの、という考え方とは別に、運動はそもそも人間にとって、必須項目だと考えるのが自然ではないでしょうか。人間の身体は、ハッザ族のように活発に動くことを前提につくられていて、「動かなければ、機能しない」ようになっているはずなのです。

そのとき大切なのが、「身体を正しく使う」ということです。

間違った動きで「一日1万歩」歩いたら……?

ハッザ族の男性が一日に歩くのは約2万歩。日本では「健康のためには一日1万歩」と言われています。厚労省の「健康日本21」で、一日1万歩が理想、目標値として男性9200歩、女性8300歩が掲げられているのです。

でも、身体をうまく使えなくて歩き方にクセがある人が、毎日せっせと1万歩も歩き続けたらどうなるでしょう? クセの悪影響が蓄積されて、いつかケガをするかもしれません。または、すぐに疲れたりどこかが痛んだりして、1万歩などとても歩けないかもしれません。

この歩数は、アスリートや、何か特別に運動が必要な人に向けられたものではありません。

ごく一般的な日本人が、健康を維持して当たり前の日常生活を送るために必要なものとして提示されています。つまり、身体を正しく使えていないと、それすらクリアできない可能性があるのです。

もう一点、身体を「正しく」使えるというのは「実践的に」動けるという意味でもあります。日頃から筋トレをしまくって筋肉隆々ではあるけれど、身体が重くて俊敏に動けない、ちょっと走るのもキツいという人がいますが、これでは実践的な身体とはいえないでしょう。見せることだけが目的で鍛える一部のボディビルダーならいいですが（いわゆる「見せ筋」）、ちょっと走るというのは、日常動作の範疇《はんちゅう》です。日々の生活でいくらでも起きることで、見せ筋づくりよりこうした日頃の動作を難なくできることのほうが、ビジネスパーソンには大事です。

筋トレは頑張っているけれど日常のなかで軽々動けないとか、趣味のマラソンで人並み以上に走っているのにケガが多いといった人は、案外多いと思います。彼らに共通しているのは、トレーニングと実践の場を結ぶブリッジが欠けている、ということです。

そのブリッジとなるのが「６つの歯車」のなかの「プライオメトリクス＆ムーブメント」です。

プライオメトリクスは「デコピン理論」

「プライオメトリクス」とは瞬発力や敏捷《びんしょう》性など力を素早く発揮するために必要な要素、「ムーブメント」は走る、跳ぶ、曲がる、止まるなど基礎的な要素です。

サッカーでいえば、ボールに向かって全力疾走し、急ブレーキで止まってボールを捉えた瞬間に向きを変え、右に左に自在に敵をかわしながら進むといったシーンが、90分の試合中ひっきりなしに展開されます。この目まぐるしい動きのそれぞれを、敏捷かつ正確に、安定した動きで行えるかといったことが試合では問われ、勝敗を左右します。

このような本番に直結する実践的な力を養うのが、プライオメトリクス&ムーブメントです。サッカーのみならずあらゆるプロスポーツで急速に普及し、多くのチームが積極的に取り入れているのは、本番に役立つ実践的なトレーニングだからにほかなりません。私自身、アスリートのクライアントが体調やスケジュールの都合でトレーニングに時間が割けないようなときは、迷わず「筋トレよりプライオメトリクスを優先すべき」だとアドバイスしています。

プライオメトリクスのトレーニングで瞬発力や敏捷性が高まる仕組みを、簡単にお話しします。

筋肉には、伸ばしきると一気に縮もうとする、伸張反射という作用があります。これは、叩くことで腿の下をハンマーで軽く叩かれると、脚がピョンと跳ね上がりますね。座って膝の筋肉が瞬間的に引き伸ばされたため、反射が起きて今度は急に縮み、それで膝が伸びて膝下が勢いよく跳ね上がるのです。叩いたことで急に伸ばされた腿の筋肉には、エネルギーが蓄えられ、反射によって縮むときに、より大きな力を発揮します。これが瞬間的に爆発的なパワーを出せる瞬発力につながります。

さらにいえば、「デコピン理論」というものです。

弾く中指を親指でギュッと強く押さえると、その反動で強くて痛いデコピンになりますね。親指で押さえた中指の外側は強く伸ばされていて、エネルギーがたまっています。そのため弾かれた瞬間に、より強い力が出せるのです。

ゴルフのスイングでも同じです。バックスイングで右手首にテンションをかけてシャフトをしならせると、瞬間的に伸ばされた手首の筋肉が、今度は素早く縮もうとします。その反発力によって、力任せでなくても飛距離が伸びる。これもデコピン理論によるものです。

プライオメトリクスのトレーニングは、このデコピン理論を生かしたジャンプ動作が中心です。ジャンプして着地したとき、腿やふくらはぎの筋肉は瞬間的に伸ばされています。そこからの反動をうまく使えば、より高く、強く飛び上がれます。

ジャンプというと「自力で上に跳ぼう」と思ってしまいがちですが、そうではなく、床に体重を落として力を伝えるよう、着地するほうを意識するのです。後ほど紹介しますが、真上に跳ぶジャンプを繰り返したり、左右交互にジャンプしたりするトレーニングで、反動をうまく使いながら瞬間的に勢いよくパワーを生み出す瞬発力を養えます。

誰もが自分一人では歩いていない？

ところで、皆さんは道を歩いているときに、「自分が」歩いていると思っていませんか？急に何を言い出すんだと思われるかもしれませんが、実は、自分一人で歩いている人というのは、地球上のどこにもいません。

どういうことかというと、ハッザ族も、皆さんも、誰もが「地面と一緒に」歩いています。地面からの反発力を使って歩いているのです。

歩くときだけではありません。ただ真っ直ぐ立つだけでも、私たちは床や地面からの反発があるから立つことができています。これを「床反力」といいます。

立つ、歩く、走るといった動きはどれも、自分の体重などを重力として力強く地面に伝え、それに対する地面からの反発力を使って行っています。それらの動きは反発力がなくてはできないことで、自分の筋力だけでは重心を変えて移動することすらできません。

たとえば、10㎞先まで歩くということは、自分の身体を10㎞移動させることです。体重60㎏なら60㎏の重さを、そこまでどのようにして運びますか？　人間は、宙に浮いてスイスイと自在に動けるわけではなく、地面に立って、地面を移動していくしかありません。だったら、自分の力を目一杯使って運ぶより、地面から力をもらうほうがいいですよね。そうすれば少ない力で効率よく、遠くまでラクに運べます。自分の力だけで運ぼうとしたら、とても10㎞なんて進めないでしょう。

ここで気づいて欲しいのは、日常のなかのどんな「一歩」も同じだということです。床反力の使い方が大事なのは、サッカー選手や運動量の多いハッザ族に限ったことではなく、誰もが、地面から力をもらって立ち、歩き、書棚から資料をとってきたり、会議に遅れる！とエレベーターホールまで走ったり、重たい資料を持って取引先に出かけて人と会ったりして日々を生きているのです。

足さばきの良し悪しが「行動力」に直結する

また、サッカー選手の目まぐるしい動きは、足さばきのよさによるものです。これも、そのつどピッチに力をもらっているから、素早い動きができるのです。プライオメトリクス&ムーブメントは、こうした足さばきをよくするトレーニングです。

足さばきがいいというのは、フットワークが軽いということ。普段から地面の力を借りるフットワークの軽さが当たり前になっていると、何かを「よし、やろう」と思ったときにも軽々と行動に移せます。

なかなか行動できない「行動力」のない人は、単純にこのフットワークの軽さがないだけかもしれません。「自信がないから」「失敗が怖いから」などと、世間では行動できない理由があれこれ分析されています。それに対して「目標意識を持とう」「行動して得られる満足感を想像しよう」といったノウハウもあふれています。

それらを十分理解しながら、なおも動けないでいるのは、単にフットワークが悪くて腰が上がらないだけかもしれません。自信があろうとなかろうと、自分一人で行動しているようでいて、誰一人としてそんな人はいないのです。誰もが「地面から力を借りて」行動しています。ここを学んで、ラクに動ける軽いフットワークを身につけましょう。

細かな動きも俊敏な走りも爪先は使わない

それでは、地面からうまく力を借りる、つまり床反力を効率よく使うにはどうしたらいいでしょう。

たとえば全速力で走っているときには、片足が地面について離れるまでのほんの一瞬で、体重を地面に伝え、その反発力として身体を上に持ち上げる力と、前に進む推進力を得ています。

そこで力を地面に伝えることができないと、接地時間を延ばしてベタベタ走りになるか、動作を大きくとって身体を浮かせるしかなくなります。すると、足首や膝など本来使わなくていい部位を使ってしまうので、速く走れないどころかケガのもとになるし、すぐに疲れてしまいます。

このとき、自分と地面とが触れている場所は「足のうらだけ」です。この小さな部位でどのように力を最大限地面に伝えるかがポイントです。

体重をしっかり床に伝えるには、足うらの真ん中あたり（脛の太い骨の真下）から伝えるのが最も効果的です。そのためには、歩いたり走ったりするときに、足うらのほぼ全面が地面につかなければなりません。

　多くの人が思い違いをしていると思うのは、細かな動きは爪先を使ったほうがいいのでは？　ということです。サッカーの目まぐるしい動きのような細かな足さばきは、なんとなく、爪先で動くほうがよさそうな気がしていませんか？

　これについては、１３４ページで紹介している「サイド トゥ サイド」を、試しにやってみてください。足うら全面で左右に素早くジャンプする正しいやり方と、同じことを爪先でやるのとでは、どちらが疲れずにできるでしょうか。爪先で行うと、たった5秒のジャンプ中にも、ふくらはぎや腿の筋肉が痛くなってきませんか。

　この状態が長く続いたらどうなるでしょう。私も頻繁に相談を受けます。

「マラソンが趣味で毎朝走って筋トレは週2でしているのに、また腿が肉離れになってしまった」

「脚を細くしたくて皇居を走っているのに、ふくらはぎだけが太くなります」

　といった悩みです。足のうらではなく爪先で走っていると、本来使わなくていい部位を使わなくてはならなくなります。その結果、腿の肉離れがクセになったり、ふくらはぎだけが異常に太くなったりしてしまうのです。

脛の筋肉を鍛えることで行動力が高まる

走る動作は爪先で地面を蹴るのだと思われがちですが、そうではないのです。マラソンでも短距離走でも、テレビなどの映像では、確かに足首が回転して爪先で地面を蹴っているようにも見えます。でも実際は、着地の一瞬に足うらのほぼ全面で力強く地面を押しています。足首はむしろ使わないようしっかり固定して走る感じで、足首が伸びているように見えるのは一連の動きのなかで惰性で起きているのが、そう見えているのです。

最大限の力を地面に伝える足うらのほぼ真ん中は、脛の太い骨（脛骨《けいこつ》）の真下にあたります。上からの力を真っ直ぐ伝えるためにも、必要以上に足首を使うことなく固定しておくためにも、「脛の筋肉が使える」ことが大切です。正しく使えているかどうかは、たとえば次のようなことをチェックしたり心がけたりするといいでしょう。

・特に日頃から走っている人は、ふくらはぎが不自然に太くなっていないか、腿や膝うらなどに痛みやトラブルがないか。

・靴のかかとの減り方がアンバランスになっていないか（女性は外側に荷重がかかって減りやすい傾向あり）。

・足首を使いすぎていないか　↓　ふくらはぎがパンパンに張ったり痛くなったりする。

　走るときは、いかにして接地時間を短くするかが大切ですが、歩くときは、むしろ接地時間を長くするつもりで、一歩一歩力強く、足首は動かさず足のうら全体で地面を押すつもりで歩いてください。無駄な力を使わずに、自分の身体の重さだけでラクに歩ける感覚がつかめるはずです。お尻の筋肉も使いやすくなります。スリッパ履きで試してみると、爪先歩き（足首が伸びてしまう）のようなペタペタ音はしないこともわかるはずです。

　脛を使って真っ直ぐ足うらに力を伝えるためには、プライオメトリクス＆ムーブメントのトレーニングが最適です。ジャンプ中心の素早い動きで床反力の使い方を身につけるトレーニングとともに、脛の筋肉に効くストレッチもあります。さらに「最強ストレッチ」は、その名のとおり全身の筋肉を使いながらストレッチ効果も得られる万能メニューです。忙しくて時間がないときも、これだけはやって欲しいストレッチです。

動画でチェック!

行動力トレーニング①
…スキップ

10～15秒

1

真っ直ぐ自然な姿勢で立ち、足首を曲げて爪先を上げた状態で、その場でスキップする。

2

接地時間はなるべく短く、素早くリズミカルに続ける。

POINT

□ 足のうら全体でフラットに着地し、接地時間は短く。

NG

× 爪先だけで床についてしまう。
× 上半身が前に傾いてしまう。

動画でチェック!

行動力トレーニング②

…ボーゴジャンプ

5～10回

1

肘を曲げ、脚を少し開いて立ち、足首を90度に曲げたまま真上にジャンプする。

2

着地したら、床反力を使ってすぐに再度ジャンプする。テンポ良く繰り返す。

POINT

□ 肘を曲げた両腕をジャンプに合わせて後ろ向きに回旋させて床反力のバネを生かす。

NG

× 爪先立ちになってしまう。

× ドタッドタッと接地時間が長くなると床反力を生かせない。

動画でチェック!

行動力トレーニング③
…スクワットジャンプ

全力で5回

1

脚を肩幅に開き、腰を落としたスクワットの姿勢からスタート。

2

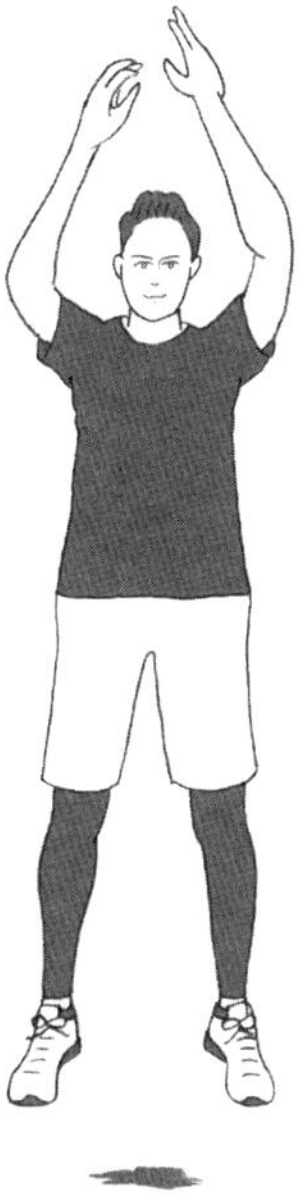

両腕を大きく振りながら真上にジャンプ。1と同じスクワットの姿勢で着地したら、床反力を使って直ちに再びジャンプ。

POINT

- □ 足うら全体でフラットに着地。
- □ 接地時間は短く、すぐまたジャンプする。

NG

- × 着地のたびに動きが止まってしまうと床反力を得られない。
- × 猫背や反り腰になってしまう。
- × ジャンプの角度や着地場所がずれてしまう。

動画でチェック!

行動力トレーニング④

…サイド トゥ サイド

全速力で5秒程度

1

脚を肩幅に開いて立ち、その姿勢のまま左右交互に素早くジャンプする。

2

接地時間を短く。着地する前にすでに反対側へのジャンプを始める。

POINT

□ 爪先は真っ直ぐ前に向けたまま。

NG

× 爪先が斜めを向いたり足が開いたりしてしまう。
× 接地時間が長くなり力をためてしまう。

動画でチェック!

行動力トレーニング⑤

…ローテーション

全速力で5秒程度

1

脚を肩幅に開いて立ち、腰を左右交互にひねりながらその場で素早くジャンプする。

2

足のうら全体でフラットに着地し、接地時間は短くジャンプを繰り返す。

POINT

□ 両足の爪先は平行にしたまま腰だけをひねる。

NG

✕ 上半身も左右に回ってしまう。

✕ 重心を爪先に乗せてしまう。体重を真下に落とすイメージで。

行動力トレーニング⑥
…スクワットジャンプ（ローディング）

全力で5秒程度

動画でチェック!

1

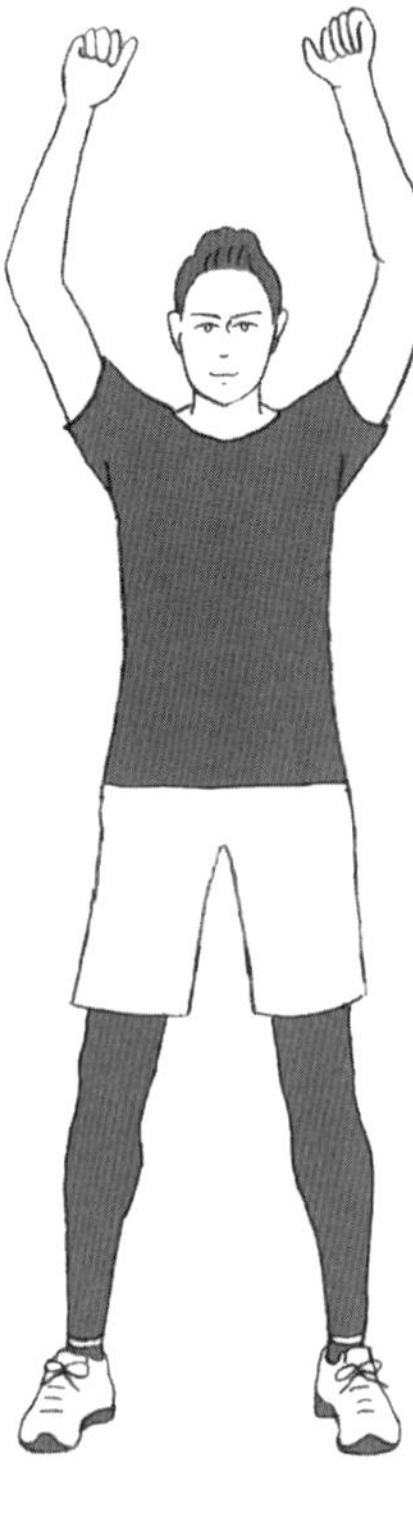

脚を肩幅より開いて両腕を
高く上げて立つ。

POINT

- □ 膝は内側に入らないよう、肩幅より開いたままで。
- □ 爪先は真っ直ぐ平行にする。
- □ 足うら全体で着地する。

2

小さくジャンプしながら腕を振り下ろす。

3

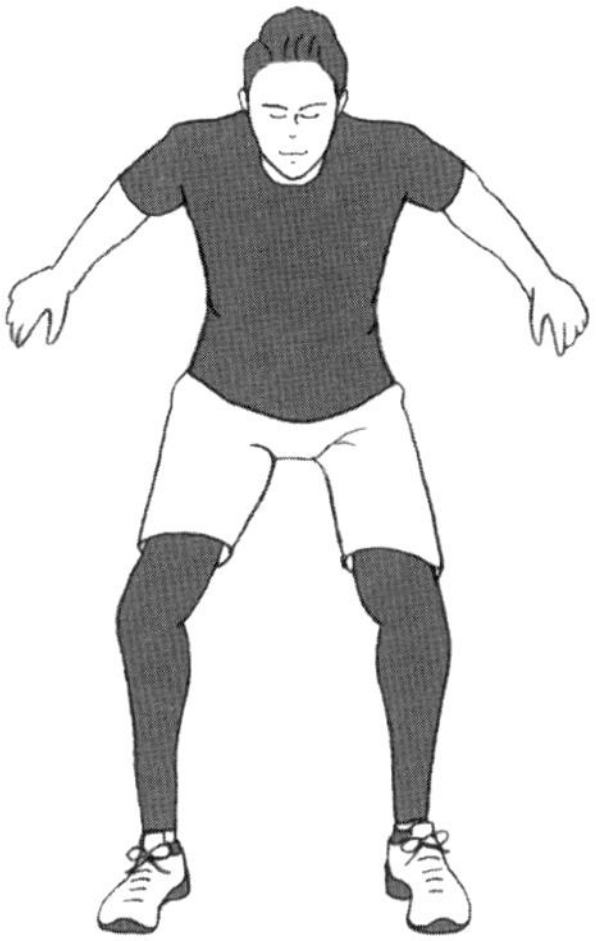

瞬時にスクワットの姿勢で着地する。腕を振り上げながら再びジャンプ。床反力を使って繰り返す。

NG

- ✖ 爪先に重心が乗ってしまう。
- ✖ 接地時間が長くなってしまう。

行動力トレーニング⑦

…スプリットスクワット

全速力で5秒／10回程度

1

脚を前後に大きく開いて腰を落とした姿勢から。前の脚は膝を90度に曲げ、後ろの膝は床から浮かす。

動画でチェック!

POINT

- □ ジャンプに合わせて両腕を後ろに回すとやりやすい。
- □ 上に飛び上がろうとせず、着地して下に力を伝える意識で。

2

ジャンプして前後の脚を入れ替えるようにする。

3

素早く交互に繰り返す。

NG

- ✕ 上半身がブレたり足の着地点がずれたりする。
- ✕ 速度が落ち床反力が得られず自力で跳んでしまう。
- ✕ 足首で蹴らないように注意。

行動力トレーニング⑧

…ウォールドリル

10〜30秒／10回

1

**壁に両手をついて身体を
斜めにして立つ。**

動画でチェック!

POINT

□ 足首を固定して足うら全体で着地する。
□ 脚を入れかえるときにはしっかり床を押す。

2

片脚の膝を曲げ、脚の付け根から大きく上げて10秒キープ。反対の脚も同様に。

3

片脚ずつ左右交互にゆっくり上げ下げし、スピードを上げて左右交互にリズミカルに行う。

NG

- ✖ 背中が丸まってしまう。
- ✖ 軸足の膝が曲がってしまう。

行動力トレーニング⑨

…キング・オブ・ストレッチ（最強ストレッチ）

4〜10回

動画でチェック!

1

直立姿勢から左の膝が90度に曲がるまで右脚を大きく後ろに引いて、右手を右肩の真下の床について前傾姿勢に。

4

体勢を戻し、両手を床につける。

POINT

- □ 動きをしっかり覚えたら、動画のスピードに合わせて行う。
- □ 息は止めずに自然な呼吸で。

2

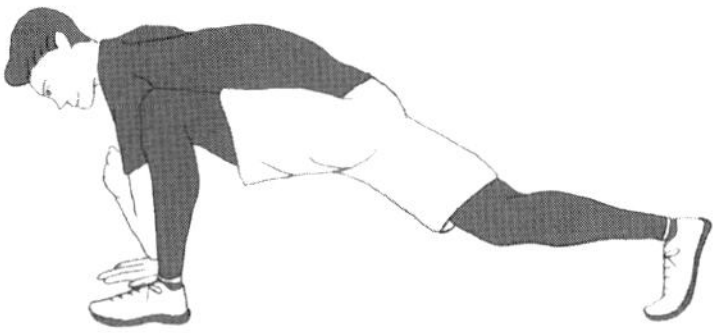

左腕は曲げて肘が左足の甲に触れるくらいに姿勢を低くする。

3

左腕を大きく上に伸ばしながら上体を開き、目線は左の指先に。

5

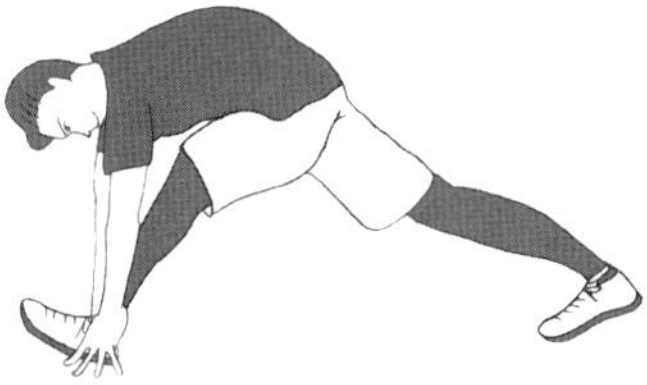

腰を少し上げ、左の足首も上げて、左の腿裏をよく伸ばす。

6

両手を床から離して上体を起こし、右股関節をよく伸ばす。反対側も同様に行う。

NG

× それぞれの動きが小さくなってしまう。

動画でチェック!

行動力トレーニング⑩
…トウ・レイズ(足首上げストレッチ)

1～2分／5回

1

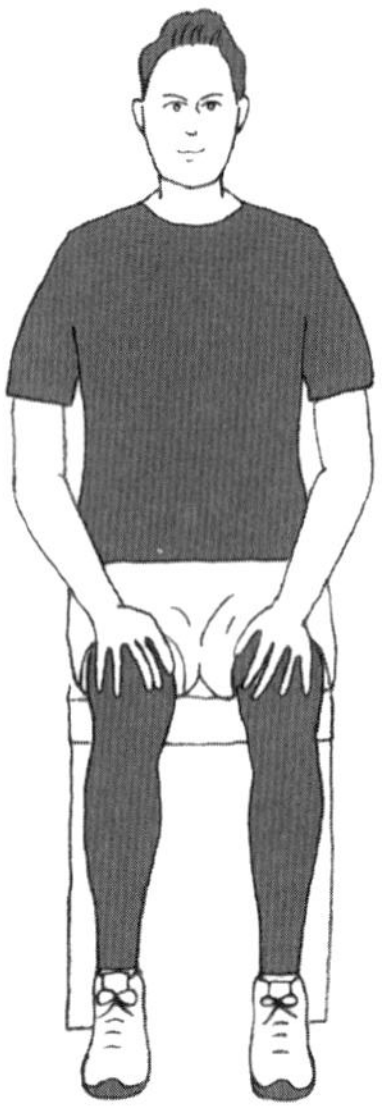

膝が90度になるように椅子に座り、手は膝の上に。

2

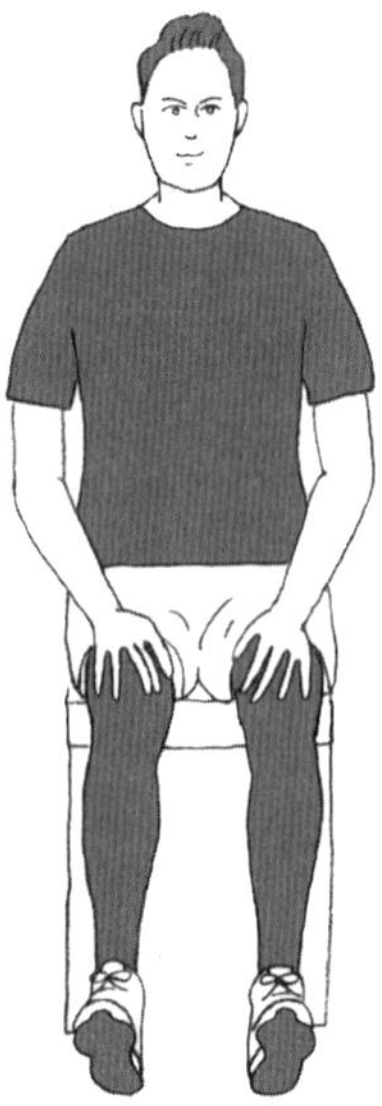

脛の外側の筋肉を意識しながら、足首をゆっくり上げ下げする。

POINT

☐ 足首ではなく脛を使って大きく上げ下げする。

NG

× パタパタと小さな動きで惰性で行ってはダメ。

変化を嫌うホメオスタシスに負けずに行動できる身体に

先ほども言ったとおり、行動力のない人は腰が重い人かもしれません。今までこうした運動習慣がなかったのかもしれません。これからは「身体で動く」ことをしていきましょう。

はじめるなら、早いに越したことはありません。脳は、新しい情報が入って刺激を受けると、ニューロン（神経細胞）どうしがつながるシナプスが形成され、そのシナプスはやがて枝分かれしてほかのシナプスとつながり、回路ができます。さらに、ほかのシナプスを経由したインパルス（電気信号）による情報交換がはじまって、回路が開通状態になります。この回路がしっかり定着することが、新しい行動が習慣化するために必要な要素の一つです。

行動が習慣化するまでには、5～60日間かかるというロンドン大学の２００９年の研究報告があります。人によっても習慣化したい内容によっても差はありますが、この研究をもとに、勉強でもトレーニングでも「２カ月程度は続ける必要がある」といわれたりしています。

また、カナダのビクトリア大学が２０１５年に行った調査では、スポーツジムに新しく入会した１１１人のうち、12週間後も通い続けた人について調べたところ、ジムに通う回数が多かった人ほど12週間後も継続して通っており、回数の少ない人は12週間後にはジムに行かなくなる傾向があったそうです。12週間後も通い続けられる可能性の高い頻度は「週4回」という結果が出ており、2つの調査・研究からは「週4回・2カ月程度」が行動が長続きして習慣化しやすい目安だとの結論が導かれています。

人が新たな情報の刺激を受けたり新しいことをはじめたりすると、心身を現状のまま保とうとする維持機能（ホメオスタシス）が働くといいます。ホメオスタシスは生物学の用語で、体温を一定に保つといった生命を維持する機能として欠かせないものですが、人間の心理の仕組みについても、変化を拒み、現状の安全な状態を維持しようとする心理としてホメオスタシスという言葉が使われることがあります。何か新しく変化が起きると、命を守るために変化する前のもとの状態に戻そうとするのです。

つまり、新しいことにチャレンジしたり、行動したりするとき、邪魔してくるのは自分自身（のホメオスタシス）だということです。動かないままでは数日のうちに「まあいいか」となりますし、やりはじめてから三日坊主になる背景にも、ホメオスタシスのメカニズムが作用しているのかもしれません。

これからの変化の時代、「現状維持」で解決できることはほとんどないと思っていいでしょう。挑戦力につながる脳内ホルモンも、現状に満足した途端、分泌が止まってしまいます。「やろう」と思ったら、すぐ動く。それには、「プライオメトリクス＆ムーブメント」のトレーニングでフットワークの軽い身体になることが不可欠で、しかもその際、床反力を最大限生かすためには「脛の筋肉を鍛えること」が最も効果的なのです。紹介したトレーニングを実践すれば、歩く動作ひとつでも足さばきに格段の差が出てくることが、すぐに実感できるはずです。

第 5 章

自己肯定力は「背骨」のゆるさで決まる

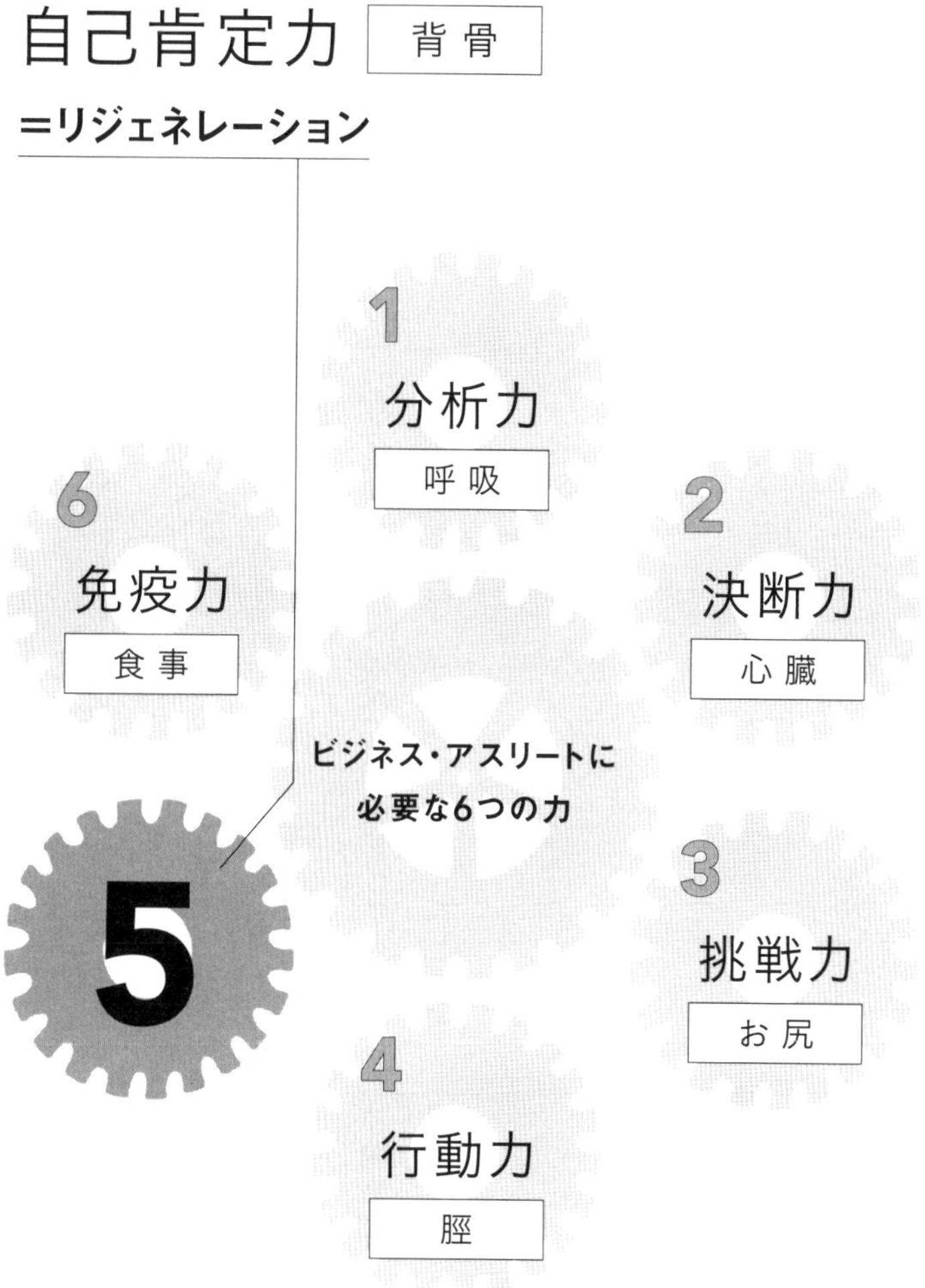

「自己肯定感」「自己有用感」「自己効力感」とは

「自己肯定力」は、「６つの歯車」のうちの「リジェネレーション」で、「背骨」をゆるめ、柔軟性を高めることで強化できます。自分についてのポジティブな自己像を表す「自己肯定力」に関して、興味深いデータがあります。

内閣府が２０１０年から作成している「子供・若者白書」の令和元年（２０１９年）版によると、日本の若者（満13〜29歳）の「自己肯定感」は、諸外国の若者と比べて低く、欧米など６か国との比較で最も低かったそうです。

日本の若者たちが持つ自分自身のイメージについて、こんな結果が出ているのです。

- 「自分自身に満足している」……45・１％
- 「自分には長所がある」……62・２％

同時に実施した韓国、アメリカ、イギリス、ドイツ、フランス、スウェーデンの若者の回答と比べてどちらも最も低い数値で、２０１３年度の調査からもさらに低下していたといいます。

また、自分に対する否定的なイメージに関するものとしては、

・「自分は役に立たないと強く感じる」……51・7%

（※いずれも「そう思う」「どちらかといえばそう思う」と回答した若者の割合）

などがあり、右記の項目は諸外国との比較では、ドイツ、フランス、スウェーデンより高かったものの、アメリカ、イギリスよりは若干低く、韓国と同程度だったそうです。内閣府ではこの結果について「日本の若者の自己肯定感の低さには、自分は役に立たないと感じる自己有用感の低さが関わっている」と分析しています。

次世代を担う若者たちがポジティブなセルフイメージを持てていないのは残念なことですが、ここで改めて、「自己肯定感」「自己有用感」「自己効力感」とは何かを見てみましょう。こうした自己イメージは若者に限らず、ビジネスパーソンにも大切で、十分な自己価値感を持てていない人もいるかもしれないからです。

まず「自己肯定感」とは、読んで字のごとく自分を肯定する感情です。自分で長所だと思っていることへの肯定とは限らず、「短所を含めたありのままの自分自身に対する満足感」

とも定義できます。

似ている言葉に「自尊心」がありますが、自尊心には「自分の能力を優れたものとして誇る気持ち」（大辞泉）など、自己肯定感に比べて誇りやプライドの意味合いが入る印象です。これに対して自己肯定感は、「特に誇れる能力がなくても、そのままの自分自身に満足できる気持ち」ということです。

次に「自己有用感」というのは、自分は役に立つ（有用だ）という感情です。特に、他者の役に立った、喜んでもらえたなど、自分以外の相手の存在なしには生まれてこない点で「自尊心」や「自己肯定感」などとは軸が異なる感情です。

ビジネスでいえば、「自分はこの部署に貢献できている」「クライアントに感謝されている」といった自己イメージになります。「自己有用感」が高ければ、周囲への貢献意欲が高まったり感謝の気持ちも芽生えたりしますが、これが低いと「自分はこの場所で役に立てず評価されない」「申し訳ない」「居場所がない」といった感情を持つかもしれません。

「自己効力感」は、自分がすることには効力がある、「自分にはできる」と信じられる感情です。カナダの心理学者アルバート・バンデューラが提唱しました。

ビジネスでいえば、「自分はこの仕事で結果を出せる」「この目標に向かってやり遂げることができる」と思えるような感情です。自己効力感が低ければ、「どうせ失敗する」「ほかの人にはできても自分には無理だ」と考えがちかもしれません。

VUCAの時代に求められるのは「自己効力感」？

VUCA《ブーカ》の時代は、3つのうちで特に「自己効力感」が重要だとする見方があります。これはそれぞれの自己価値感について、次のような解釈ができるからです。

△自己肯定感

短所も含めたありのままの肯定感ということは、実際には実力など内容を伴わない可能性がある。あったとしても過去の実績に対する自己評価かもしれない。

△自己有用感

他者からの承認あっての自己評価である可能性があり、他者（本人にとっての外部要因）次第で変わってしまいかねない。また、命令や周囲の期待に応えられれば有用感が上がるといった、受け身姿勢や指示待ちの可能性がある。

○ 自己効力感

過去の自信もあるかもしれないが、それによって、未来に向けて「自分にはできる」という自己評価を持つことができており、未知の体験に対しても、自信を持って立ち向かえる可能性が高い。

過去の事例に縛られずに、臨機応変に対応したり新たな可能性を切り開いたりしていくには、未来にベクトルの向いた「自己効力感」が生きるということです。

個人的には、どれか一つだけが重要というより、それぞれの人に応じてバランスよく3つを持てるのが理想かと思います。高め方もそれぞれによって違います。たとえば仮に「自己肯定感は高いが、自己有用感は持っていない」人がいたとしても、それは自分を「有用であろうとなかろうと」肯定している可能性があります。

でも、その逆は成り立ちません。「人の役に立てない自分には価値がない」とネガティブな自己有用感を持っている人が、自己肯定感を持つのは難しいのでしょう。こういう人が「自己有用感」を高めるには、周囲に貢献できたり、認められたりするような居場所を見つけて経験を重ね、自分のネガティブな観念（考え方）を変えていく必要があるかもしれません。

「自己肯定感」を高めるには、成功体験の積み重ねがカギだと言われたりもします。または、自分の価値観のハードルを下げることも有効かもしれません。高い理想ばかり見ていないで、現状のなかに満足できるものを見つけていくといった方向性です。

「自己効力感」を高めるのに必要なものとして、もともとの提唱者であるアルバート・バンデューラは次のことを挙げています。

1 達成経験……自分自身で目標を達成した経験

2 代理経験……自分以外の誰かの目標達成を観察した経験

3 言語的説得……自分にスキルや能力があることを言語的に説明・説得されること

4 生理的情緒的高揚……モチベーションがアップする生理現象

5 想像的体験……目標を達成する自分を想像すること

ぱっと見て、これまでこの本で述べてきたなかから、簡単に体験できそうなことが見つかるのではないでしょうか。1の達成経験は、トレーニングの過負荷の原則の中で日常的に経験できるでしょう。それによって、4のモチベーションがアップする生理現象（=ドーパミンによる快感・爽快感）を味わえます。5の想像的体験は、そもそも「あるべき姿」を想像して描き、そこに向かっているはずです。

ここに2と3が加われば、なおいいですが、どちらも他者の存在が必要な事柄です。1、4、5の自分で叶えられることだけでも、自己効力感を培うに十分な経験を重ねていけるのではないでしょうか。

PDCAやOODA思考で「リジェネレーション」の時間を持つ

いずれにしても、こうした自己価値感を持ったり高めたりするためには、自分を知ることが必要です。起きたできごとや体験したことを主観的・客観的に見てみたり、そこでの自分を振り返ってみたりするといったことです。

そうした時間を、日常的に持てていますか。

忙しいビジネスパーソンのなかには、毎日がTo Doだけで流れてしまう人もいるでしょう。

でも、それではせっかくの自分の成長に気づけなかったり、チャンスを逃してしまったりするかもしれません。日々振り返りやまとめの時間を持つことは、成長につながります。ビジネスも人としての成長もトレーニングも、この点は同じだと思います。トレーニングでは「振り返りやまとめのプロセス」を、「６つの歯車」のなかにしっかり組み込んであります。

「６つの歯車」のなかでは、「リジェネレーション」が振り返りや調整の時間にあたります。リジェネレーションとは、トレーニングで使った筋肉や筋膜にストレッチなどを行って、もとの状態に回復させ、疲れを翌日に残さないためのメニューです。身体づくりの三大要素のうち「休養」に含まれますが、筋肉は、何もしないで休むより、ストレッチやマッサージといった能動的なメニューを行うと休養の効果が得られやすく、目標達成までの道のりが早まるのです。

ビジネスシーンでは「ＰＤＣＡ」で振り返り（Check）をしている人は多いはずです。一人ひとりの生活のなかでも、ＰＤＣＡで一日の振り返りをすれば、改善ポイント（Action）が見えてきたり、明日すべきこと（Do）や必要なことの計画（Plan）を練ったりもできます。

さらに、ＶＵＣＡに則した「ＯＯＤＡ《ウーダ》ループ」を取り入れてもいいでしょう。ＯＯＤＡループは次の５つのプロセスでできています。

・みる（見る、観る、視る、診る）　知覚：Observe

世の中のトレンドをみて、これからどうなるか観察する。

・わかる（分かる、判る、解る）　認知：Orient

どうなりたいかの夢やビジョン（目的）を描く。実現するための戦略（手段や方策）を描く。その戦略を具体化する行動方針（作業）を描く。

・きめる（決める）　判断：Decide

状況によりビジョン・戦略・行動方針に基づいて行動を決める。

・うごく（動く）　実行：Act

やってみる。

・みなおす（見直す）　改善：Loop

結果に基づいて効果のないことを止《や》め、戦略と行動方針を見直す。有効な戦略と行動方針を実行していく。

「みなおす」を除いた４つは、順を追ったサイクルですが、互いに連携したりフィードバックがあったりと、ＰＤＣＡのように単純なサイクルではありません。複数のプロセスを同時並行で行うこともあります。ＯＯＤＡは想定外のことが起きる状況でも有効で、メンタルや感情などの人間的側面や、ひらめきや直感による脊髄反射的な行動を重視する点も、ＰＤＣＡとは異なります。

この本では残念ながら、ＯＯＤＡについてこれ以上紙幅は割けませんが、グローバル社会において日本企業がＰＤＣＡを何度も回しているうちに、ＩＴ分野など諸外国の企業はＯＯＤＡを進めてマーケットを寡占していたりする、そんなことがすでに起きているのは確かです。ＯＯＤＡは、スポーツや仕事、私生活など、あらゆる場面で有効な思考法です。興味がある人は学んでみるといいかもしれません。

いずれの方法を使うにしても、仕事や自分について振り返るリジェネレーションの時間を一日のスケジュールに組み込むことをお勧めします。これは、振り返ってすっきりとリセットすることによって、ストレスを翌日に残さないためでもあり、また、学びをしっかり定着させるためでもあります。人間の脳には忘却曲線というものがあり、学んだそばから忘れていきます。早めに振り返ったり復習したりしないと、48時間後にはほぼ忘れてしまうのです。

また、学びや経験というインプットがしっかり身についたかどうか、アウトプットすることも大切です。たとえばトレーニングなら、その日にクリアした内容や、そもそもその部位を鍛えると身体の動きにどう影響するのかといったメカニズムなどについて、家族や友人に話したり、記録として書いたりしておくなどアウトプットしてみて初めて、自分の理解度が明らかになります。ビジネスも同じで、アウトプットをしないと「わかっていないところ」がわからないため課題もわからず、次に繋がりません。つまりは成長に繋がらないのです。

自己肯定力を高めるには背骨をゆるめる

紹介するリジェネレーションのメニューは、背骨にフォーカスしています。背骨には「身体を支える（支持）」「身体を動かす（運動）」ことのほかにも、「神経の保護」という重要な役割があります。背骨の中には脊髄という、脳に直接繋がる太い神経が通っているからです。そして背骨は社長の腹筋、副社長のお尻、専務取締役の肩甲骨を結ぶラインだともいえます。自分軸をしっかり持って姿勢を正して生きるといった意味でも、象徴的な存在です。

そんな背骨は身体の柱ともいえるものですが、見えない後ろ側にあるため使いにくく、正しい姿勢をとることも難しいという人が大勢います。使えないまま背骨が硬くなってしまうと、運動はおろか呼吸すらしにくくなったりします。また、背骨で結ばれた首、肩、背中、腰は全身のなかでも一日の疲れが出やすい場所です。筋トレで使った筋肉とは別に、背骨は毎日リジェネレーションを行い、その日のうちにしっかり回復させておきましょう。

リジェネレーションのメニューはゆったりした動きで、寝た姿勢で行うものが中心です。リラックスしながら行って、一日の振り返りの時間としても役立ててください。達成できたことを思い出したり、その喜びを味わったり、あるべき姿（目標）を想像したり再確認したりすることが、自己効力感をアップさせます。明日の課題も見えてきます。一日一日をきちんと終わらせることで、ゼロベースの新しい日を迎えることができるはずです。

「リジェネレーション」で「背骨をゆるめる」ルーティンを取り入れることで、日々しっかりとリセット&リフレッシュして生活できます。そうした健全な生活習慣を持つことも、自分への自信や「自己肯定力」を高めることになるのです。

自己肯定力トレーニング①

…背中のストレッチ（ラットストレッチ）

30秒〜1分

1 正座の姿勢になる。

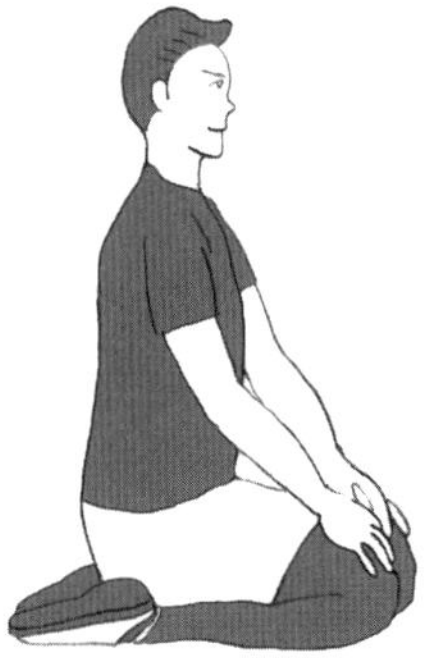

2 上体を倒し、両腕をなるべく前に伸ばす。

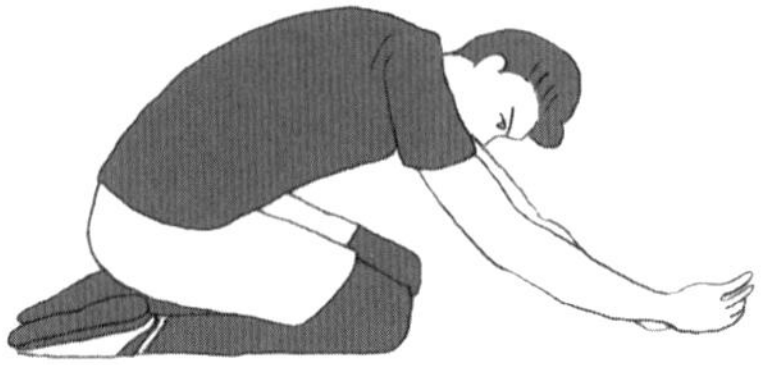

3 手のひらを上に向け、頭は下げて背中を30秒よく伸ばす。

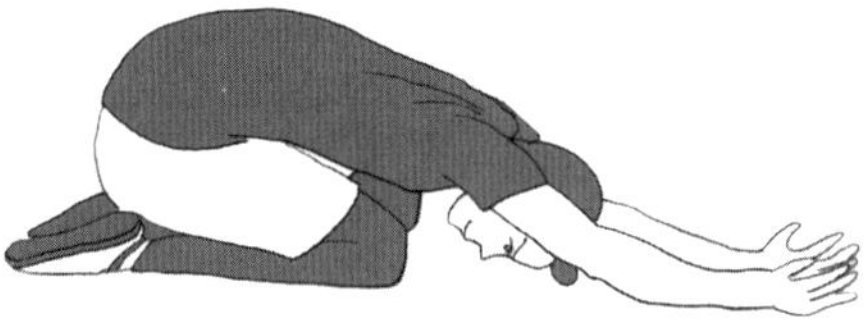

動画でチェック!

POINT

□ やりづらければ手のひらを下に向け、足首を立ててもよい。
□ 肩から背中、脇までよく伸びるのを感じながら行う。

NG

× 顔が上がって上体も起き上がってしまう。
× 肘が曲がって腕も十分伸びていない。

自己肯定力トレーニング②

……ロールアップ

1 仰向けになり膝を立てる。
両手は胸の前に伸ばして組む。

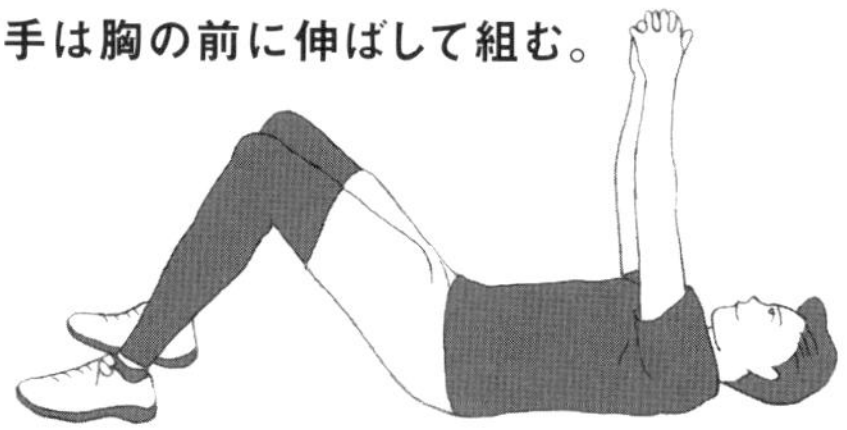

2 口から息を吐きながら、首から背骨を一つずつ丸めるようにしてゆっくりと上体を起こす。

3 上体を完全に起こしたら、鼻から息を吸いながら自然に床に戻し、1、2を繰り返す。

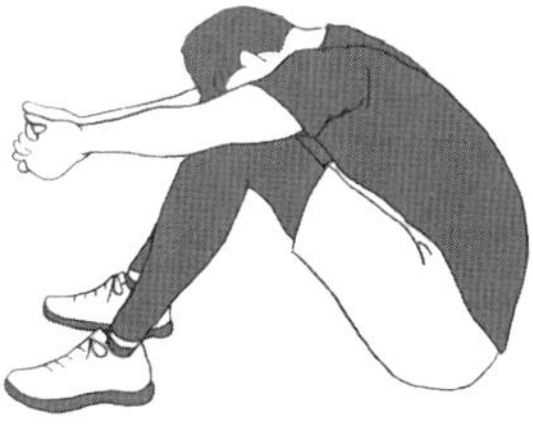

動画でチェック!

POINT

- □ 腹筋で起きるのではなく、組んだ手を前に突き出すことで背骨を巻き込んでいく感覚で。
- □ 手の動きを目で追いながら行う。

NG

- × 勢いをつけて起き上がってしまう。
- × 背骨を使わずに腹筋で起きてしまう。

自己肯定力トレーニング③

…ロールダウン

1 床に座り膝を軽く曲げ、両手は胸の前に伸ばして組む。

2 口から息を吐きながら、背骨を一つひとつ腰から倒していくようにしてゆっくり上体を寝かせる。

3 上体が完全に床に着いたら、鼻から息を吸いながら自然に起き上がる。

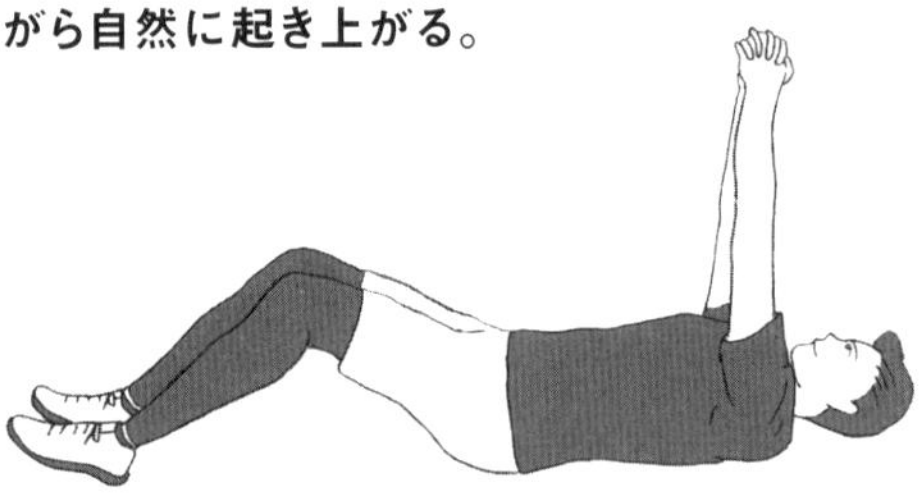

動画でチェック!

POINT

□ 手の動きで引っ張る感覚で、目線も手を追いながら行う。

NG

× 動きがゆっくりすぎて腹筋を使ってしまう。
× 上体がバタンと倒れてしまう。
× 背中を反ってしまう。

自己肯定力トレーニング④

…リバース・ロールアップ&ダウン

5〜10回

1 仰向けになり膝を立てる。
両手は自然に身体の脇に。

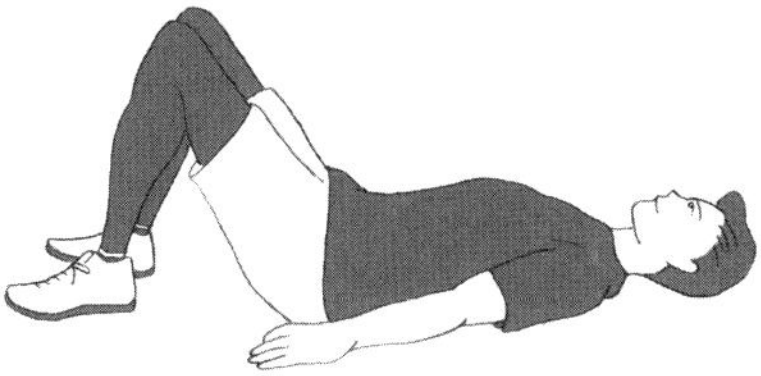

2 腰から脚を持ち上げていき、
頭の先の床に爪先でタッチ。

3 口から息を吐きながら、
脚をゆっくり戻す。

動画でチェック!

POINT

- □ 背骨を一つずつ巻き込んでいく感覚でゆっくり行う。
- □ 腹筋運動とは呼吸が逆、脚を上げるときに吸って下ろすときに吐く。

NG

- ✖ 反動をつけて勢いで脚を上げてしまう。
- ✖ 脚を下ろすときにドスンと下ろしてしまう。

自己肯定力トレーニング⑤

…ローリング・アッパーボディ

3〜5回

動画でチェック!

1

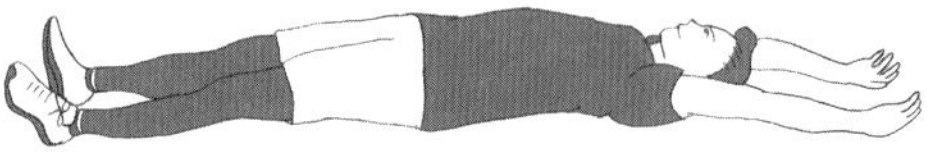

仰向けに寝て、両手は上に伸ばす。脚は肩幅に自然に開き完全にリラックス。

4

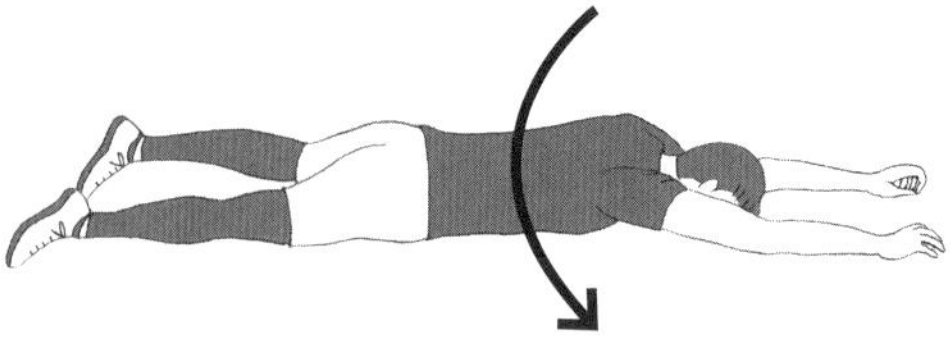

骨盤が起き上がって左に回ったら、そのまま一気にうつ伏せに。

POINT

□ 腕の動きと、少しだけ腹筋を使う。
□ 腕と上半身の体幹だけ意識、脚の力は使わない。

2

右手を大きく上げて左に回す。

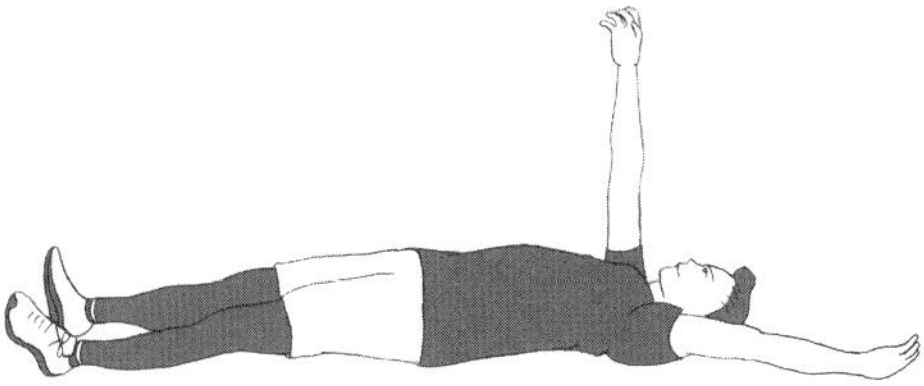

3

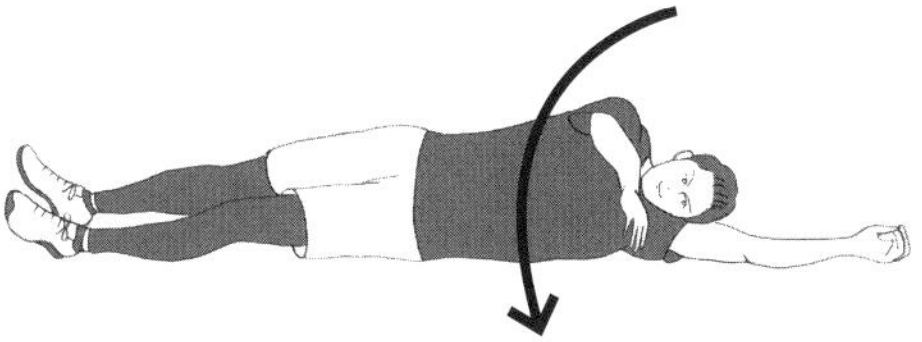

右手につられて肩→腰の順にひねられるまま寝返りを打つ。

5

右手を大きく上げて左に回す。

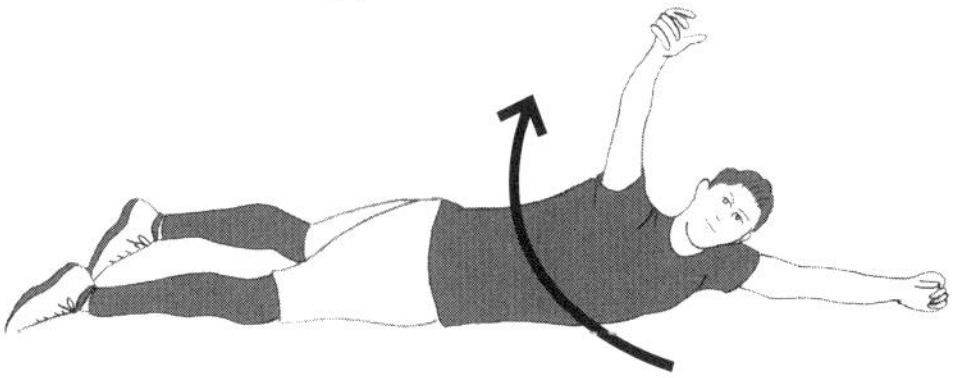

6

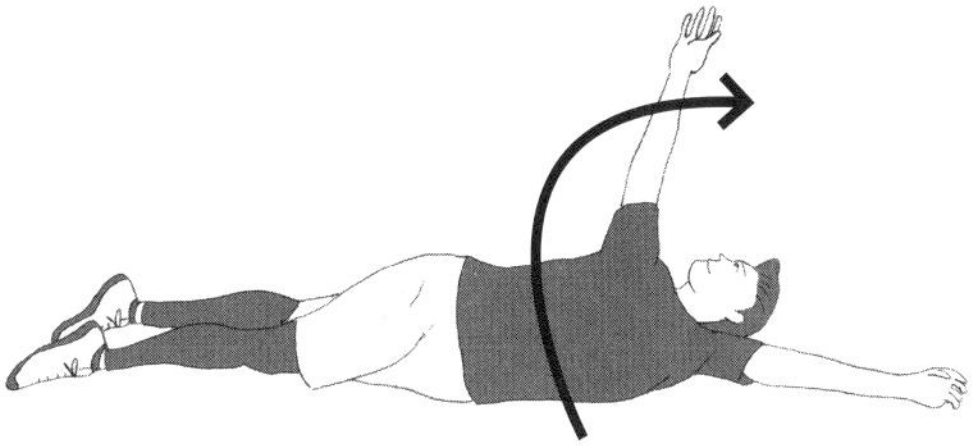

右から左への寝返りを同様に行う。

NG

- ✕ お腹に力が入りすぎてしまう。
- ✕ お尻を使って一気に回ってはダメ。

自己肯定力トレーニング⑥
…ローリング・ロウワーボディ

3〜5回

1

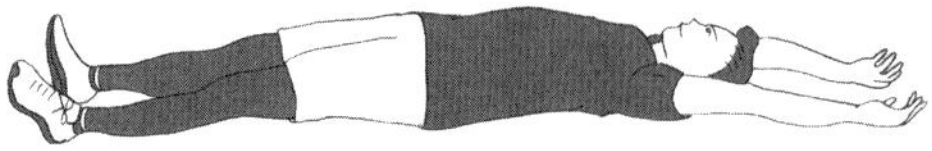

仰向けに寝て、両手は上に伸ばす。脚は肩幅に自然に開き完全にリラックス。

4

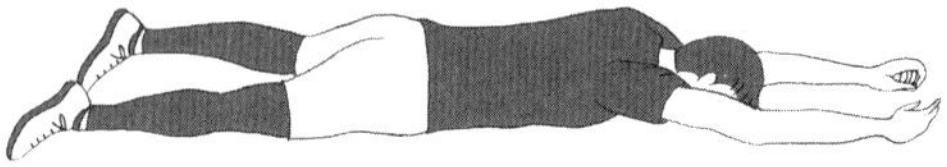

骨盤が起き上がって左に回ったら、そのまま一気にうつ伏せに。

動画でチェック!

POINT

- □ 脚の動きと、少しだけ腹筋を使う。
- □ 脚と上半身の体幹だけ意識、腕の力は使わない。

2

右脚を大きく上げて左に回す。

3

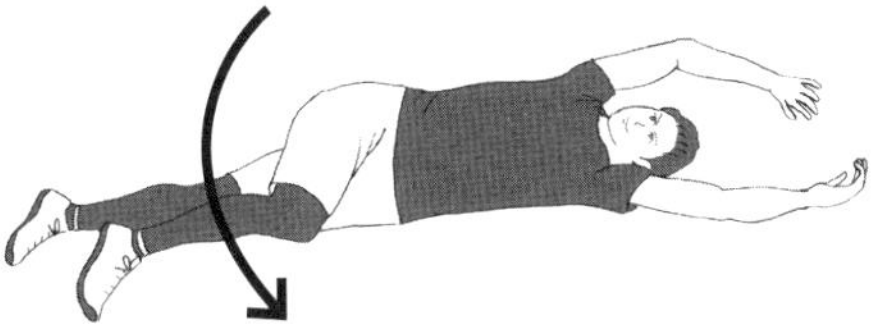

回しながらつられて腰→肩の順にひねられるまま寝返りを打つ。

5

右脚を大きく上げて左に回す。

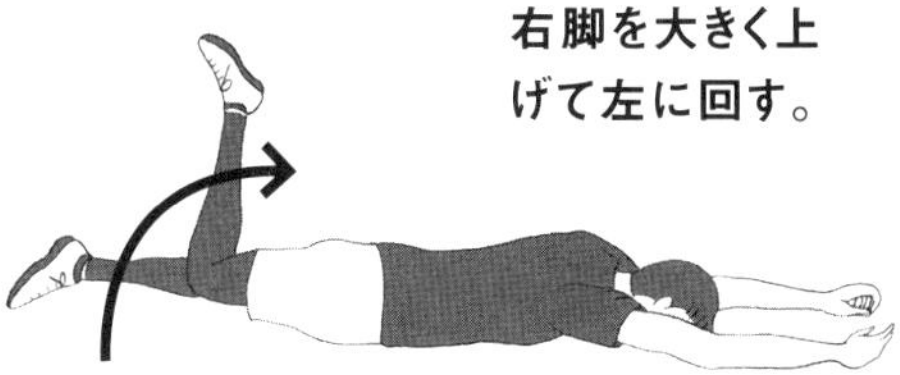

6

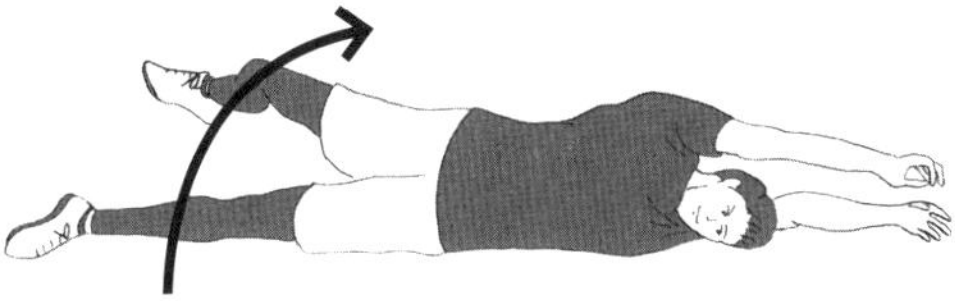

右から左への寝返りを同様に行う。

NG

✖ 上半身に力が入ってしまう。

✖ 腕の動きの勢いで回ってしまう。

第 6 章

免疫力は
正しい「食事」で高まる

前線に立ち続けるために必要なのは「免疫力」

今回の新型コロナウイルス感染症は収束するのか、それともウイルスと共存する時代になるのか。どちらにしてもこれからのビジネスアスリートには、今まで以上に健康な肉体が必要なのは間違いないと思います。健康を害して働けなくなっては、元も子もありません。この先の重要なこととして最後に挙げるのは「免疫力」です。

「免疫力」は、「6つの歯車」のうちの「ニュートリション」でアップできます。ニュートリションとは「栄養」のこと。つまり「食事」が鍵を握ります。

「免疫力」とは、細菌やウイルスなど身体の外から侵入してくる病原体や、がん細胞など身体の内側で起きる異常から身体を守る力のことです。目、鼻、喉、腸といった粘膜組織、その他体内の至るところで免疫システムが24時間働き、病原体の侵入を防いでいます。ところが、現代人の生活では、免疫の仕組みが正しく働かない要因が増えています。免疫力が低下する要因はさまざまですが、たとえば次のようなものがあります。

・睡眠不足

慢性的な睡眠不足は、日中の眠気や意欲低下・記憶力減退など精神機能の低下を招くだけでなく、体内のホルモン分泌や自律神経機能にも大きな影響を及ぼすことが知られています。睡眠の乱れによって睡眠に関わるホルモンのメラトニンが十分に分泌されないと、身体の中に活性酸素が過剰に増加します。活性酸素は身体に悪影響を引き起こすことが知られています。

・生活環境

生活環境にも、免疫を低下させる要因が急増しています。特に外出自粛やリモートワークでパソコンの前に座りっぱなしの環境は、血液やリンパの流れを悪化させ、免疫細胞の機能低下につながります。

免疫力の強化には食事が直結する

さらに、偏った食事も免疫を下げる大きな要因になります。免疫力を高めるためには普段の食生活が大事ですが、これは何か特定の食品を食べることではありません。コロナ禍でも、ネバネバ食品や発酵食品など、マスコミを中心にさまざまな食品が喧伝されました。でもそうしたものに飛びつく前に、それを食べて有効に生かせるよう、身体の土台部分に目を向けることが大切です。

人間の身体は、年齢や部位にもよりますが2、3カ月で全身約60兆個の細胞が入れ替わります。その間の栄養の仕組み、すなわち食生活全体が結果として2、3カ月後の身体に表れます。いくら特定の有効性があっても、納豆や海藻を数回食べて効果があるとは限りません。

トレーニングの基本として取り上げてきた「運動・栄養・休養」は、基本的な身体づくりや健康維持に必要なことです。戦いを強いられるビジネス・アスリートは特に、この基本部分を盤石にしておくことが大切です。安易な情報に流されないためにも、この章では「栄養」に関わる正しい食事や食生活についてお話しします。

炭水化物を抜くと脳も身体も鈍る

食事とは、ただお腹を満たすために食べることではなく、生きていくために必要な栄養素を摂取することです。それには二つの目的があります。

一つめの目的は「細胞をつくること」です。人間の身体は、たった一つの細胞からはじまり、栄養素を取り入れながら細胞分裂を繰り返して60兆個もの細胞になるのです。もう一つの目的は、「生きるためのエネルギーをつくること」です。エネルギーとは車でいえばガソリンのことで、ガソリンが切れれば車が動かないのと同じように、エネルギーがなくなると、身体を動かすことができません。

ここで大事なのは、人間の身体に必要なものを食べることです。パンダが笹やサトウキビをおもに食べているのは、パンダの身体がそのようにできているからです。人間は、人間の臓器や細胞に必要なものを食べなくてはなりません。それが「三大栄養素」、すなわち炭水化物・脂質・たんぱく質を含む食品です。このうちたんぱく質は、細胞＝身体をつくる栄養素で、車でいえばボディそのものをつくります。炭水化物と脂質は、それを動かすエネルギーをつくる栄養素です。車でいえばガソリンにあたります。一時期、多くの経営者がこぞって炭水化物抜きダイエットをしていましたが、エネルギー不足で疲れやすくなりイライラして部下にあたってしまうなど、ビジネスパーソンとして好ましい結果は得られにくかったようです。

炭水化物：脳と身体のガソリンとなる

炭水化物は、体内に取り込まれるとブドウ糖（グルコース）に変わり、エネルギー源として大きな役割を果たします。ブドウ糖は「糖質」とも呼ばれます。糖質が特に重要なのは、脳や神経系、赤血球、筋肉などが活動するための重要なエネルギー源になるからです。糖質が不足して血糖値が下がると、これらの機能は低下してしまいます。

糖質は米、そば、うどんなどの穀類、いも類、豆類などに多く含まれます。脳は糖質を蓄えておくことができないため、脳を駆使するビジネス・アスリートに糖質抜きダイエットはあまりおすすめできません。

ただし、とりすぎは禁物で、余った糖質は肝臓や筋肉にグリコーゲンとして蓄えられ、必要に応じて使われますが、さらに余ると、体内脂肪として蓄積されてしまいます。

炭水化物はほかにも、果物に多く含まれる果糖（フルクトース）、牛乳に多く含まれる乳糖（ラクトース）などがあります。

糖質について、ちまたでは諸説飛び交っていて流行もあり、いまだに「糖質＝悪」のイメージがあります。でも、身体を鍛えて脳を活性化するには極めて重要なエネルギー源で、糖質のなかでも「ブドウ糖」をとることが大切です。

同じ糖質のなかでも「果糖は血糖値を上げないので太りにくい」と言われたりしますが、果糖はエネルギー源として実は使われにくい可能性があるとともに、すぐに肝臓で中性脂肪に変わりやすい性質があります。第4章でハッザ族の話をしましたが、人間古来の身体について見てみると、その理由がわかります。狩猟生活以前に野生の果物を多く食べていた類人猿は、1200万〜700万年前の地球の寒冷化によって、すさまじい飢餓に陥ります。その結果、生き残った類人猿は「少ない食料でも効率よく体脂肪として貯蓄する力」を獲得するわけですが、類人猿はかつて果物を主食としていたことから、この倹約機能（倹約遺伝子）は「果物を効率よく体内に脂肪として蓄える力」だともいえます。

倹約遺伝子は現代の私たちにも影響を及ぼしています。ヘルシーだと思って果物を多く食べている人は、穀類や根菜類を食べている人より太りやすい可能性があります。また、果糖はコーンシロップとして多種多様な加工食品に使われているので、注意が必要です。

脂質：お腹まわりにつく脂肪、上半身につく脂肪

脂質は1gあたり9kcalと効率のいいエネルギー源となるだけでなく、さまざまな生理機能に関わります。たとえば、細胞膜やホルモン、血液の構成成分になったり、脂溶性ビタミンなどの腸管からの吸収を促すといったことなどです。

大切な栄養素ではありますが、バターやサラダ油など油脂そのものだけでなく、肉や魚、乳製品、加工食品にも多く含まれるため、過剰摂取になりがちです。常に「脂質の少ない食品」を選ぶよう心がけることが大切です。

脂質はおもに、中性脂肪とコレステロールに分類されます。ここではおもに中性脂肪についてお話しします。

中性脂肪は、炭素が鎖のようにつながった脂肪酸と呼ばれる部分と、鎖の根元にあたるグリセリンと呼ばれる部分でできていて、体脂肪を構成する脂肪細胞に蓄えられた中性脂肪は血液中で分解されて、鎖状の部分の脂肪酸を血液中へ出します。この脂肪酸は筋肉の中へ取り入れられ、エネルギー源として使われます。

脂肪酸は、鎖状になった炭素の数によって「長さ」が異なり、短鎖脂肪酸、中鎖脂肪酸、長鎖脂肪酸があります。また、「構造」による呼び名の違いもあり、飽和脂肪酸と不飽和脂肪酸（一価不飽和脂肪酸、多価不飽和脂肪酸）があります。

▼脂肪酸の長さによる違い

長鎖脂肪酸は、小腸で消化や吸収されたあと、リンパ管や静脈を通り、全身の特に筋肉に運ばれます。余った分は脂肪細胞に、それでも余った分は肝臓に運ばれてエネルギーになったり、肝臓内脂肪となったりします。長鎖脂肪酸は植物油や牛脂、豚脂に含まれます。心臓付近の血管から体内の脂肪細胞に取り込まれるため、とりすぎると上半身に脂肪がつきやすくなります。

一方、短鎖脂肪酸や中鎖脂肪酸は、長鎖脂肪酸に比べて長さが短く水（血液）になじみやすいため、小腸からはリンパ管で全身に運ばれたあとではなく、血液に吸収されて直接肝臓に入ります。

このように消化・吸収後の経路が異なるため、短鎖・中鎖脂肪酸は長鎖脂肪酸に比べて分解される時間が4～5倍も速く、短時間でエネルギーになりますが、直接肝臓に入るため過剰摂取による脂肪肝などには注意が必要です。また、炭水化物も、とりすぎると脂質がエネルギー源として使われないため体脂肪の材料が大量に余ってしまうほか、とりすぎた炭水化物の一部は中性脂肪に変わり、内臓脂肪がつきやすくなります。

長鎖脂肪酸　↓　上半身太りになりやすい！

心臓付近の血管から体内に入るため上半身に脂肪がつきやすい

・植物油、牛脂、豚脂などに多く含まれる

短鎖・中鎖脂肪酸　↓　内臓・お腹まわりに脂肪がつく！

小腸から直接肝臓に入る。お腹まわりに脂肪がつきやすい

白米などの主食やビールといった糖質のとりすぎに注意

・短鎖脂肪酸（バター、チーズなど）

・中鎖脂肪酸（ココナッツオイルなど）

▼脂肪酸の構造による違い

飽和脂肪酸と不飽和脂肪酸があり、不飽和脂肪酸にはn-3系、n-6系、n-9系があります。脂肪酸は糖質からも合成できますが、n-3系とn-6系は人の身体では合成できないため、リノール酸、リノレン酸、アラキドン酸は「必須脂肪酸」と呼ばれます。

最近は身近なスーパーなどでも、多種多様な食用オイルが手に入るようになりました。それぞれ優れた栄養素を含みますが、先ほども述べたとおり、特定の食品や栄養素にはとらわれすぎないようにしましょう。

飽和脂肪酸……哺乳類の脂肪に多く含まれる（バター、ベーコンなど）

一価不飽和脂肪酸……植物に多く含まれる

・オレイン酸（オリーブ油など）

多価不飽和脂肪酸……種類によっておもに植物と魚介類に多く含まれる

・n-6系　リノール酸（紅花油、ひまわり油など）

・n-6系　γ-リノレン酸（昆布、わかめなど）

・n-6系　アラキドン酸（豚レバーなど）

・n-3系　α-リノレン酸（アマニ油、えごま油など）

・n-3系　EPA、DHA（魚介類など）

たんぱく質：
筋トレするなら一日に体重１kgあたり２g

たんぱく質は英語で「プロテイン」、ギリシャ語の「プロテオス」が語源で、第一のもの、チャンピオンといった意味です。生命活動の鍵を握るもので、身体の構成成分としても不可欠です。身体をつくるだけでなく、代謝に必要な酵素や機能を調節するペプチドホルモン、神経伝達物質、遺伝子、血液成分、免疫の抗体などにもなり、エネルギーとしても利用され、１gあたり４kcalのエネルギー源となります。

生命活動に欠かせない栄養素ですから、長期間不足すると命の危険に関わります。短期間の不足でも、さまざまなトラブルを引き起こします。体力やスタミナが不足し、抵抗力も弱くなります。脳の働きも低下して、記憶力・思考力が鈍ってしまいます。

一日でとりたい量は、体重１kgあたり１gが目安。体重70kgなら70gです。トレーニングを習慣にしているならより多く必要で、体重１kgあたり２g前後が目安です。

たんぱく質が豊富な鶏のささみは、１００gあたり約24g含んでいます。ほかにも肉や魚からとることが多いはずですが、種類によっては脂質も多いので要注意です。牛肉や豚肉より鶏肉、動物より魚介類というように、脚の数が少ないものを優先するといいかもしれません。豆腐などの大豆食品や豆類からも、植物性たんぱく質を摂取できます。白米１杯１５０ｇにも、約６ｇ含まれています。

みんな飲んでいるプロテイン、すべてはタイミング

１回の食事で意外に多くのたんぱく質をとれそうですが、ここで注意が必要です。一日に必要な量をまとめてとっても、全部が吸収されるわけではありません。体内で一度に消化吸収できるたんぱく質量には限度があり、20～30ｇといわれています。必要以上に摂取した分は体外に排出されてしまうほか、脂肪に変換されてしまう恐れもあります。

最近は、プロテイン飲料や食品も普及しています。かつては筋トレに熱心な人の専売特許だったようなものが、今ではコンビニの棚にも粉末タイプが並び、プロテイン含有量の高いジュースなどもたくさんあります。

それらを気軽に取り入れる人が増えましたが、食事で十分なたんぱく質がとれているなら、追加したプロテインのたんぱく質は全部ムダどころか、太る可能性もあります。ジュース類

はたんぱく質の含有量を確認してください。粉末タイプなら、1回分が一度に体内で処理できるたんぱく質量と同程度です（それに合わせて計量スプーンがつくられています）。つまり、プロテインは、ブームに乗ってただプラスするのではなく、食事でとれない分を補うために適正量を取り入れたり、もっと多くとりたいなら、1回ごとに2〜3時間はあけ、回数を分けてとることが大事です。

▼たんぱく質のとり方ポイント

・一日に体重1kgあたり通常1g・筋肉をつけたい人は2gを目安に。
・ささみのたんぱく質は100gあたり約24g。
・食品からとるときは脂質が少ない脚の数が少ないものを（大豆など植物性→魚介類→鶏肉→豚肉・牛肉）
・白米1杯（150g）あたりにも約6g含まれる。
・体内で1度に処理できるたんぱく質量（20〜30g）を超えないように。
・プロテインドリンクなどで多くとりたい場合は回数を分ける。

ビタミン、ミネラル、食物繊維：車では潤滑油の役目

ビタミン、ミネラル、食物繊維も大切な栄養素です。これらはエネルギーにはなりませんが、三大栄養素の分解や合成を助けるため、身体に欠かせない栄養素です。車で言えばエンジンオイルや潤滑油の役割があります。

ビタミンは、不足すると欠乏症となるおそれがある有機化合物（炭素を含む化合物）の総称で、体内ではほとんど合成できないため、食品からとる必要があります。野菜や果物に多く含まれています。

ミネラルは、人の身体を構成する元素から酸素・炭素・水素・窒素を除いたものの総称です。人の身体に必要なものにはカルシウム、鉄、ナトリウムなど16種類があり、野菜、果物、海藻、牛乳・乳製品に多く含まれます。

食物繊維は、水に溶けない不溶性食物繊維と水に溶ける水溶性食物繊維があります。不溶性は根菜やその他の野菜、穀類、きのこに多く含まれます。腸内で膨らみ、腸の働きを活発にして排便を促すので、便が長く腸内に留まるのを防ぎ、有害物質の吸収を抑えます。水溶性は、玄米、豆類などに豊富です。糖質の吸収速度をゆるやかにし、食後の血糖値の急激な

上昇を抑えます。海藻類にも食物繊維は多く含まれます。

食べる順序を知る：
「ベジ・ファースト」で血糖値の急上昇を防ぐ

健康で「免疫力」の高い身体になるために、具体的には何をいつ食べ、どんな食生活を送ればいいいでしょう。それには187ページの図が便利です。

図の数字1〜7は今紹介した三大栄養素（＋ビタミン、ミネラル、食物繊維）の順序と必ずしも一致していませんが、身体に必要な栄養素の持つ意味がわかったら、実際の食生活に生かすには、この図のほうがいいのです。

具体的には、図の中心近くに書いてある番号のうち、日々の食事で食べるのは「カテゴリー1〜3がほぼすべて」と考えてください。カテゴリー4〜7は、栄養素は豊富でも脂質が多かったり、高カロリーで糖分が多かったりするなど、ビジネス・アスリートに必須ではなく、むしろ健康から遠ざかる可能性が高いものです。極力とらないようにし、多くとっているなら減らすことが必要です。

食品カテゴリーマップ

＼無料／
ダウンロード
可能

一般社団法人 日本栄養コンシェルジュ協会
(Nutritional Consulting Guide; NCG®)

毎回の食事は「食べる順番」が大事です。
食べたものが身体に吸収されると、血糖値が上がり、上がった血糖値を下げるために膵臓からインスリンが分泌されます。インスリンが分泌されると、血糖値を下げる過程で血中の糖分を脂肪に変えて身体に溜め込むメカニズムが働きます。

血糖値の上昇がおだやかな場合は、インスリンは通常、過剰に分泌されません。でも、空腹状態からいきなりお菓子やご飯など糖質主体のものを食べてしまうと、血糖値は一気に上昇し、インスリンが必要以上に分泌されてしまいます。これにより、糖分を脂肪として蓄積することに拍車をかけてしまうのです。

さらに、急上昇した血糖値を今度は急降下させるジェットコースターのような変化も起きるため、この食べ方は食欲を増長させるとも言われています。

血糖値の急上昇を防ぐには、「ベジタブル・ファースト」で食べることです。野菜には消化吸収に時間がかかる食物繊維が豊富に含まれているため、野菜を最初に食べると、血糖値の急上昇を抑えられるのです。野菜を食べたら、たんぱく質のとれる肉や魚・大豆製品などを食べ、最後にご飯を食べます。図では「3→2→1」となります。

カテゴリー2の「主菜」はたんぱく質を多く含む食品ですが、図のE→D→Cの順に脂質の量も脚の数も少なくなります。Ａは植物性たんぱく質です。カテゴリー１の「主食」は最後に食べます。いも類は食物繊維が豊富ですが、糖質も多く含むため主食の仲間に入っています。

食べる量を知る：
朝昼晩の「3・4・3」と「ポーション」で考える

厚労省が5年ごとに策定している「日本人の食事摂取基準　２０２０年版」によると、30〜49歳男性の一日の推定エネルギー必要量は、２３００〜３０５０kcal（職業や運動習慣の有無など身体活動レベルによって異なる）です。

これを朝、昼、晩が「３・４・３」の割合になるように食べるのが目安です。活動している日中に多く食べ、夜はそれより少なくします。一日の必要エネルギー量が２７００kcalだとすると、朝と夜は８１０kcal、昼は１０８０kcalです。

１食あたりの内訳は、主食の炭水化物（図のカテゴリー１）で全体の50パーセント、残りの

50パーセントを主菜と野菜（図のカテゴリー２・３）でとることを目安にします。この場合、昼の主食は５４０kcalです。白米なら大盛り（２４０g）でも４０３kcalですから、いも類などをさらにプラスできます。

ダイエットしたいときは、夕食の特に主食（炭水化物）を減らして、全体が「３・４・２～１」となるようにするといった具合に調整するといいでしょう。

主菜（図のカテゴリー２）のエネルギーは、たとえば次のようになります。食事のカロリーがわかるアプリなども、利用してみるといいでしょう。

▼図のカテゴリー２：主菜（たんぱく質＋脂質）料理のカロリーの目安

①刺身（一人前）や干物……70～１００kcal
②がんもどきの煮物（小３個）……１５０～２００kcal
③脂が少なめの魚の塩焼き（切り身１切れ）……２００～２５０kcal
④から揚げや肉団子（３～４個）……２５０～３００kcal
⑤豚肉のしょうが焼き（３枚）……３００～３５０kcal
⑥ハンバーグ（１個）……３５０～４００kcal

⑦ロースカツ（1枚）……450〜500kcal

注：①、③……魚の種類、一人前の量による

②、④〜⑦……調理の仕方にもよる

また、食事に関するカロリーは、次のように「80kcal」を単位にすると便利な場合が多いのです。80kcal＝1「ポーション」と呼ぶとすると、先の例では朝食と夕食は「約10ポーション」となり、主食とおかずを5ポーションずつ食べるという考え方になります。

▼1ポーション（80kcal）あたりの目安量

・ごはん（50g）※茶碗1杯は3ポーション
・じゃがいも（中1個）
・卵（1個）
・牛肉（すき焼き用薄切り1枚）
・かれい（中1切れ）
・ぶり（中1／3切れ）
・ささみ（中2本）

・納豆（1パック）
・木綿豆腐（1／4丁）
・ロースカツ（1枚を切り分けた1切れ分）
・油（大さじ1）

ある程度の食材や料理について1ポーションあたりの量の目安をつかんでおけば、食生活のマネジメントは案外簡単です。また、図のカテゴリー3の野菜やきのこ、海藻類はカロリーがとても低いため、ほとんど気にする必要がありません。「ポーション」にもカウントせず、たくさん食べていいカテゴリーです。そのため、私のジムでは「間食したければ、カテゴリー3の野菜スティック」がお約束のようになっています。食物繊維もたっぷりとれて、空腹に耐えるのがつらいといったことは滅多に起きません。

トレーニング×食べ方を知る：
プロテインと炭水化物、どちらもとる

たんぱく質を一度に体内で消化吸収できる量は、20〜30gと限度があります。プロテイン飲料・食品は適度に時間をあけながら、賢く取り入れてください。筋肉を鍛えたり大きくしたりしたい場合、食事とは別にトレーニングの前後にプロテイン（たんぱく質）をとれるように時間配分ができるといいでしょう。

その際、プロテインだけではなく炭水化物（糖質）もとるのがポイントです。糖質が不足している状態だと、トレーニングに必要なエネルギーを得るために体内のたんぱく質が分解されてしまうため、筋肉が合成されにくくなってしまうのです。トレーニング前には糖質、後には糖質とたんぱく質の両方をとるのがベストで、糖質とたんぱく質の間は30分くらいずつ時間をあけられると理想的です。たんぱく質はトレーニングの翌日も多めにとると、筋肉の回復を促します。

例：トレーニング　→　おにぎり（糖質）→（30分）→　プロテイン

食べるタイミングを知る：
寝る3時間前には夕食を終え、内臓を休める

筋トレ後の筋肉には十分な休養が必要ですが、食事を消化吸収する内臓にも、休養は必要です。そもそも、胃腸などの内臓も平滑筋という筋肉でできています。

内臓が疲れると、機能が低下して食事を消化しきれなくなり、それが腸に溜まれば腐敗して腸内環境が悪化します。内臓の不調によって寝ても疲れがとれにくくなったり、肌の調子が悪いなどの不調も起きやすくなったりします。

内臓を休ませるには、食事と食事の間は6時間を目安にあけ、寝る3〜4時間前には夕食を済ませるようにします。このペースがつくれると、特に夜は空腹の時間が長く続いて、毎晩「プチ断食」をしていることになります。内臓がしっかり休んだ状態で、翌日を迎えられるのです。朝は空腹でお腹が鳴って目が覚めるのが、人間本来の健康的なリズムです。

会食×食べ方を知る：3食×7日＝21試合をどう勝ち越すか

そうは言っても、夜は会食が多いという人もいるでしょう。食事の時間が遅くなるだけでなく、アルコールまで入れば肝臓にも負担がかかります。お酒に酔うことで寝つきはよくても、眠りが浅くなり疲れがとれないことにもなりがちです。

会食も仕事のうちとなれば、自分の都合で断るわけにもいきません。疲労の回復を促すためには、飲んだ翌朝こそ朝食を食べることです。体内にアルコールが入ると、肝臓は最優先でアルコールを分解しようとするため、肝臓がエネルギーとなるブドウ糖を合成する力が抑制されてしまいます。これを回復させるために、朝食で糖質（ブドウ糖）を摂取します。おにぎり1個でも、市販のドリンクゼリーでもいいでしょう。

食生活は本来、一日の中でマネジメントするものですが、ビジネス・アスリートにとっては難しいこともあると思います。そんな人は3日を1クールでとらえてください。会食はなるべく3日に1度以内にして、食べすぎ・飲みすぎた分はそのなかで調整すればＯＫです。

さらに、一日3食×1週間と考えれば、食事の機会は21回もあります。仮にトレーニングが週2回だとしたら、身体を整える機会は食事のほうが19回も多いのです。そもそもその21回の食事の時間も、身体を鍛え、免疫力を高める「トレーニング」なのです。21回中何試合勝てるか。そんな視点を持てば、取り組み方も変わってくるのではないでしょうか。

検査結果は身体の財務諸表、分析を生かして免疫力の高い身体に

第1章では「分析力」を高めるために「現状把握」が大切だと述べました。食生活を分析するにも、現状の把握は欠かせません。そこで見て欲しいのが、健康診断の結果です。特に血液検査の結果からは、食生活や運動習慣の有無など、ありありと実態が読み取れます。まるで企業の財務諸表のごとくです！

多くの人が、「再検査」でなければ結果の詳細など気にしないでしょう。でも要再検査は「病気が疑われる」レベルです。そこからほんの数ポイントしか差がない程度では、「よかった」と胸をなで下ろすどころか、3枚目のイエローカードに手がかかっています。免疫力も

万全だとは言えません。

チェックしてみて欲しいおもな項目を、左記に紹介します。

それぞれ基準値の範囲の中央値より高いか低いかを見て、（多くの項目では）高ければその時点で、何らかの生活改善を考える。ビジネスアスリートにはそれくらいの意識が望ましいです。全身の細胞は数カ月で入れ替わります。食事を変えて、運動すれば結果はついてきます。トレーニングは裏切らず、血液は嘘をつきません。健康診断のたびに経営方針を決断し、自己効力感を発揮して行動し、負債＜資産の優良企業にしていきましょう。そして「自社」の基本である肉体は、何を、いつ、どれだけ食べるかによって作られます。「ニュートリション」の知識を生かして、どんな外的要因にも負けない「免疫力」の高い身体を手にしてください。

▼健康診断の要チェック項目

①中性脂肪（基準値30〜149mg／dL）

・食べすぎ、飲みすぎ、甘党、ご飯大盛り、肉食

・中性脂肪そのものの過食（カテゴリー2・4・5）

・肝臓で中性脂肪に変わる食品の過食（カテゴリー1・6）

・肝臓での脂質代謝を妨げる食品の過食（カテゴリー7）

〈改善のポイント〉

・カテゴリー1・2・4・5・6・7を控える

・運動（減量）

②ＨＤＬコレステロール（基準値35〜75mg／dL）

・50以下は運動不足。低値は動脈硬化のリスクとなる

・上昇しているのは運動習慣や身体活動量が多い証拠

〈改善のポイント〉

・50以下は運動を

③ＬＤＬコレステロール（基準値70〜１４０mg／dL）

・食事からのコレステロール摂取量が多いと上昇する

・コレステロールを含む食品の過食（カテゴリー2B）

〈改善のポイント〉

・カテゴリー2Bを控える

・運動

④γ-GTP（基準値 男：0〜50／女：0〜30IU／L）

・肝臓の解毒作用に関与する酵素
・アルコールの過剰摂取（カテゴリー7）
・果物・菓子など果糖を含む食品の過食（カテゴリー6）

〈改善のポイント〉
・カテゴリー6・7を控える

⑤ALT（基準値 男：8〜42／女：16〜27IU／L）

・肝細胞に特異的に存在する
・肝臓が炎症などで傷ついたり、ウイルス性肝炎に感染したりすると上昇する
・過食で脂肪肝が進行すると上昇する

〈改善のポイント〉
・過食を控える

⑥AST（GOT）（基準値13～33IU／L）

・ALT上昇からさらに肝臓の炎症が悪化すると上昇しはじめる
・ALTが上昇しているのに過食を続けている
・ALTの上昇なしに上昇している場合は、運動などによる炎症の影響の可能性がある

〈改善のポイント〉
・カテゴリー1のポーションを減らす
・カテゴリー2E・4・5・6・7を控える
・有酸素運動を行い休養も十分にとる

⑦HbA1c（糖化ヘモグロビン）（基準値6・2％未満）

・過去1～2カ月の血糖の平均的な状態を反映
・検査前数日程度のにわか改善はバレる
・糖質（カテゴリー1）などの過食

〈改善のポイント〉
・カテゴリー1のポーションを減らしたり、最後に食べたりする
・カテゴリー3から食べる

・カテゴリー2E・4・5・6を控える
・減量、筋肉増強、食後の運動

⑧アルブミン（Alb）（基準値3・7〜4・9g／dL）
・血中総たんぱくの60％を占める。栄養状態がわかる
・栄養不足や過度なダイエットで低下する
・たんぱく質不足で低下する
〈改善のポイント〉
・カテゴリー1を摂取する
・肝機能や腎機能に問題がなければカテゴリー2を摂取する

注：基準値は健康機関により幅があり、今回は一般社団法人 日本栄養コンシェルジュ協会の数値をもとにしています。

おわりに

世界は今、大きな変化のときを迎えています。

私が関わるフィットネス業界も、時代とともに変わっていくのは明白で、トレーナーという職業にはＡＩが進出するでしょうし、ジムという場所の制約も（いい意味でも悪い意味でも）失われていくでしょう。

コロナ騒動があろうとなかろうと、そもそもものごとは常に変化しています。先々を予測したとき、経営の本質を学ぶ必要性があると強く感じたこと。これが、私が大学院での学びを志した理由の一つです。当時すでに10年近くジムを経営していましたが、経営を本格的に学んだことはありませんでした。そこで、自分にはない専門知識や理論を学び、土台を盤石にすれば、それに基づいてどんな状況でも柔軟に対応できるようになるのでは、と思ったのです。

トレーニングやフィットネスについては、とことん理論を学び、実践していました。経営も同じようにやりたいと考えたということもあります。栄養学についても同じで、身体づくりの三大要素の一つに関してより専門的な力を持ちたいと考え、栄養コンシェルジュの資格を取得しました。

そうした過程で見えてきたのが、「トレーニング」と「ビジネス」の結びつきでした。一見関わりがなさそうに思えるこの二つは、能力を養うという点では驚くほど共通していて、「6つの歯車」はビジネスの能力アップにもそのまま生かせます。以前から、トレーニングとビジネス両方の理論をクライアントの方々への指導に取り入れていましたが、それが、専門的な学びを得たり各界のトップクラスの方たちと接したりするなかで、より深まり発展した形です。この本では、その結実を皆さんにお届けしました。

規成の枠組みが通用しないVUCA《ブーカ》の時代、社会という外部要因が大きく変わるなら、内部要因の「自分」も変わらざるを得ません。そもそも日本の産業が「モノづくり」から「コトづくり」へと変わり、高度経済成長期の終焉から半世紀が経とうとしています。かつてのように長時間働くことがよしとされ「メシ・風呂・寝る」を繰り返すだけの生き方では、経済も人生も持つはずがない、これからは「人・本・旅」だと言うのは、私が尊敬するライフネット生命保険創業者、出口治明さんです。

出口さんの言う3つのうちの「本」とは、知恵を持つために学ぶことです。私自身、これからも学び続けます。

「旅」は現場。直接現場に行って、新たな体験をすることは、自らの枠を超え視野を広げてくれます。私もトレーナー歴の大半を、毎年海外に出かけては、最新の情報や理論をキャッチアップしてきました。「これは」というジムを見つけては、ほとんどアポなしで乗り込んで現場の空気を感じるのは毎回新鮮な刺激になっています。

「コロナ禍で方々旅するなんて難しいのでは？」

いいえ、それこそクリティカルな視点で見れば、アイデアはいろいろあるはずです。私も、それを考え、学びと出会いの旅を続けるのが楽しみです。

最後に「人」とは、人と会い、縁を大切にすることです。この本も、これまで関わってくださったクライアントの方々や、日本栄養コンシェルジュ協会の岩崎真宏さん、大学院の先生方や同門の皆さんのおかげで生まれました。12年前のＨＩＲＯさんとの出会い、そして「エンタテインメントで日本を元気にする」というＬＤＨのビジョンは、私を奮い立たせてくれ、私自身が「トレーニングで日本を元気にしたい」という思いを強くするに至りました。それを形にするべく尽力してくださるＬＤＨ ＳＰＯＲＴＳの皆さんや、思いに共感してＧＯＥＴＨＥ「ゲーテ」ウェブサイトでの連載につなげてくださった幻冬舎の森田智彦さん、既刊の書籍以来のおつきあいとなる同じく幻冬舎の三宅花奈さん、ライターの野田まゆさんにも、感謝しています。さらに私のジムであるＰＣＰのスタッフや、常に応援し支えてくれる家族にも改めてありがとうと言いたいです。

そして、ここまで読んでくださった方との出会いにも。これからの日本を元気にするのは、ビジネス・アスリートです。その皆さんの元気を、私はトレーニングを通じて支えていきます。この本はその第一歩です。今後はさまざまな場所で、トレーニングについてもビジネスについてもお伝えしていきます。そのときまで、この本をあなたの専属トレーナーとしてください。次回はぜひ、直接お会いしましょう！　楽しみにしています。

〈参考文献〉

Hunter-gatherer energetics and human obesity
Herman Pontzer, David A. Raichlen,Brian M. Wood, Audax Z. P. Mabulla, Susan B. Racette, Frank W. Marlowe Published: July 25, 2012

眞鍋康子：運動療法の科学的機序，糖尿病専門新聞「DITN」, 471, 2017年

眞鍋康子，藤井宣晴：特集「糖尿病　研究の〝いま〟と治療の〝これから〟」身体不活動による骨格筋の糖代謝機能低下，実験医学増刊，35(2):99-104, 2017年

藤井宣晴：連載「骨格筋ルネッサンス」第1–2回，Vol. 15-16, 2017年

Endogenous steroids and financial risk taking on a London trading floor
Coates, J. M. & Herbert, J.
PNAS April 22, 2008 105(16) 6167-6172; first published April 14, 2008

Selective Mesoaccumbal Pathway Inactivation Affects Motivation but Not Reinforcement-Based Learning in Macaques.
Pascaline Vancraeyenest, John T. Arsenault, Xiaolian Li, Qi Zhu, Kenta Kobayashi, Kaoru Isa, Tadashi Isa, Wim Vanduffel
Neuron, November 11, 2020 108(3) 568-581.e6

Voltage-sensitive dye imaging of primary motor cortex activity produced by ventral tegmental area stimulation.
Kunori N, Kajiwara R, Takashima I
The Journal of Neuroscience, June 25, 2014, 34(26) 8894-8903

※本書のメソッドは著者独自のものであり、効果・効能には個人差があります。事故やトラブルに関して責任を負いかねますので、あくまでも自己責任においてご活用ください。

※本書はGOETHE［ゲーテ］ウェブサイト連載「吉田輝幸の目指せ！ビジネスアスリート」を大幅に加筆・修正したものです。

構成　野田まゆ

装丁　三森健太（JUNGLE）

イラスト　Nor:io

動画制作　鈴木規仁

DTP　美創

帯写真　Ljupco Smokovski-stock.adobe.com

企画協力　LDH SPORTS

〈著者プロフィール〉
吉田輝幸（よしだ・てるゆき）
1975年生まれ。フィジカルトレーナー。アメリカやドイツのトレーニング理論をもとに最短で最大の効果を出すシステムのコアパフォーマンス®を考案。2009年に株式会社PCPを設立し、EXILEをはじめLDH所属アーティストのフィジカルトレーナーとしても活躍。アスリート指導はもちろん、一流ビジネスパーソンのサポートもしつつ、トレーナー育成のプロジェクトなども進め活動の場を広げている。EXPG高等学院の特別講師およびカリキュラムアドバイザーを務める。著書に『DVD EXILEフィジカルトレーナーが教える1日3分！ 体幹トレーニング』『腹筋を割る技術』などがある。

6つの力を養い、
理想の働き方を叶えるトレーニング

2020年12月15日　第1刷発行

著　者　吉田輝幸
発行人　見城 徹
編集人　菊地朱雅子
編集者　森田智彦　三宅花奈

GENTOSHA

発行所　株式会社 幻冬舎
〒151-0051 東京都渋谷区千駄ヶ谷4-9-7
電話　03(5411)6211(編集)
03(5411)6222(営業)
振替　00120-8-767643
印刷・製本所　錦明印刷株式会社

ISBN978-4-344-03723-6　C0095
幻冬舎ホームページアドレス　https://www.gentosha.co.jp/

この本に関するご意見・ご感想をメールでお寄せいただく場合は、comment@gentosha.co.jpまで。